DAS BUCH DES LICHTS

BAND II

LANOO

(Christian Anders)

IMPRESSUM

Englischer Originaltitel: THE BOOK OF LIGHT
Library of Congress, TXU 541243
Washington D.C., 02.01.1991
Titel der Übersetzung: DAS BUCH DES LICHTS
Übersetzung aus dem Englischen: Elke Straube

Schriftsatz und Gestaltung: Elke Straube
Coverdesign: Alexander Pott
Illustrationen: Ron Lennstrom, Ham D' Arcus, Sammie Raymond, Vibul Wonprasat, Joe George, Dr. Saled Abu-Raya, Maximilian Diehn (S.16), Christian Anders
Herstellung: Books on Demand GmbH
ISBN 978-3-937699-10-3

EIN GOTT

EINE RELIGION

EINE SCHRIFT

Die Vereinigung aller Religionen auf Erden

In tiefer Verehrung für

Helena Petrovna Blavatsky

(1831 - 1891)

und **Dr. Georg Grimm**

(1868 - 1945)

Die Zeit ist gekommen, wo die Menschheit sich vom GLAUBEN abwenden und dem WISSEN zuwenden sollte. Die Religionen der Vergangenheit waren alle gut und notwendig, obwohl man keine von ihnen wörtlich, sondern nur als Gleichnis und Parabel verstehen sollte. Mehr war den Herren des Lichts nicht erlaubt, mehr durften sie nicht enthüllen, denn die Menschen hätten sie nicht verstanden. Jetzt ist die Menschheit (bald) bereit, von Glaubenden zu WISSENDEN zu werden. *DAS BUCH DES LICHTS* vereint alle Religionen, entkleidet sie ihrer Symbolik und enthüllt deren wahre Botschaft. Der Leser möge dies nicht einfach auf Treu und Glauben hinnehmen, sondern zunächst einmal dieses Buch LESEN und sich dann seine Meinung bilden. Wenn dann alles für ihn Sinn macht, dann ist es wahr.
So steht es geschrieben, so soll es geschehen.

Lanoo (Christian Anders)

Berlin 3. 11. 2007

Das Buch des Lichts, Band 2
Zusammenfassung

DAS BUCH DES LICHTS Teil II beginnt ca. 2.169.000.000 v. Chr. mit der Geburt bzw. Formung unserer Erde, enthüllt das Geheimnis der Sieben Siegel und endet um 18.000.000 v. Chr. mit der Teilung der androgyn–geschlechtslosen menschlichen Rasse in männliche und weibliche Geschlechter, die sich von da an sexuell reproduzieren. Die geschlechtslose menschliche Rasse vermehrte sich davor unter anderem durch Selbstteilung, so wie es auch heute noch die Zellen unseres Körpers tun. All dies und mehr wird im *BUCH DES LICHTS* bis in kleinste Einzelheiten beschrieben und gelehrt. *DAS BUCH DES LICHTS* verdeutlicht im Detail, dass ALLE Lebensformen von heute dem protoplasmischen androgyn–geschlechtslosen Menschen von damals entstammen. DER MENSCH ist das älteste Wesen auf dem Planeten. IHM entstammt, geleitet von hohen, uns zur Zeit unsichtbaren Wesenheiten, alles. Ebenso lehrt *DAS BUCH DES LICHTS*, dass es vor der physischen eine astral–feinstoffliche Entwicklung gab. Diese sowie die später stoffliche Entwicklung ist immer geleitet und beeinflusst durch die „Herren der Sieben Strahlen" und anderen Wesenheiten, alle im *BUCH DES LICHTS* beschrieben. Wir erfahren auch, wer Satan wirklich ist und dass man nicht die Schuld am Bösen immer auf den Teufel schieben kann, sondern NUR AUF SICH SELBST, denn so wie der Mensch säet, so wird er ernten, Leben für Leben. Wir erfahren auch, wie sich Planeten und ihre unsichtbaren Gegengloben und Ketten bilden. Ebenso wird das korrekte Erscheinen der Kontinente auf Erden beschrieben.

Möge das in diesem Buch enthüllte Wissen alle Menschen auf Erden und auch deren Religionen in Frieden vereinen, denn es kann keinen Frieden zwischen den Nationen geben, solange es keinen Frieden unter den Religionen gibt.

Fazit: Alles, vom höchsten Gott bis zum niedersten Atom, entspringt in hierarchischer Reihenfolge dem zentralen Urgrund und wird auch dorthin wieder aufgesogen, um nach einer kosmischen Periode der Ruhe wieder, getrieben von Verlangen, in die Manifestation und damit in die Dualität geschleudert zu werden. DAS ist der Fall und dessen wahre Bedeutung, obwohl *DAS BUCH DES LICHTS* dazu noch mehrere „Schlüssel" lehrt.

OM TAT SAT

Inhaltsverzeichnis

DAS BUCH DES LICHTS

BAND II

2.169.000.000 v. Chr. – 18.000.000 v. Chr.

DIE GEBURT DES PLANETEN ERDE
Ca. 2.169.000.000 vor Chr.

DIE ERDKETTE ODER: AM ANFANG WAR DAS WORT...

Wie erschafft Jehova[1] die neue Erdkette mit ihren sieben Globen und 49 Sub-Globen? Jehova stößt 49 „Worte“ aus, und jedes dieser Worte lässt einen der Sub-Globen der Erdkette entstehen. Ca. 2.164.000.000 Jahre später (5.000.000 vor Chr.) sollen Jehovas Worte reinkarnieren und sich in den 49 BUCHSTABEN DES SANSKRITALPHABETS manifestieren. Wenn einmal alle 49 Worte ausgestoßen sind (die Laya auslösen), wird die Erdkette manifestiert und die Monaden können verschwinden.
Sieh die 7 Hauptgloben (49 Subgloben) und die entsprechenden Worte (die von Jehova ausgestoßen wurden), die diese entstehen ließen. Studiere das Sanskrit-Alphabet (49 + 1 Buchstaben). Wie die Buchstaben ausgesprochen werden und warum 49 + 1, kann in meinem Buch *DAS GEHEIMNIS DER SIEBEN SIEGEL* nachgelesen werden.

---

1 Assistiert von HÖHEREN Planetenherrschern

Genesis 1 : 8. „Und der Abend und der Morgen waren

DER ZWEITE TAG“

9. „Und Gott“ (Brahma, Lanoo) „sagte“ (dachte, Lanoo): „Lass das Wasser“ (des Weltenraumes, Lanoo) „unter den Himmeln an einem Platz zusammenkommen“ (meteorische Staubkontinente, Lanoo) „und lass trockenes Land erscheinen“, und es ward so.
10. „Und Gott nannte das trockene Land ‚Erde’“ (der Mensch gibt den Dingen Namen, nicht Gott, Lanoo), „und er nannte das angesammelte Wasser ‚Meer’ und Gott sah“ (Gott hat keine Augen, Lanoo), „dass es gut war“.
11. „Und Gott sagte: Lass die Erde Gras hervor bringen, die Kräuter Samen und den Obstbaum Früchte seiner Art, deren Samen in ihnen selbst“ (in der Monade, Lanoo) „ist“, und es ward so. (All das wurde nicht von Gott gemacht, sondern ist ein Stadium monadischer Entwicklung oder svabhavische Substanz, die der Monade bzw. den Monaden inne wohnt, Lanoo.)
12. „Und die Erde brachte hervor“ (und zwar nicht, weil Gott das gesagt hat, obwohl der alles auslösende göttliche Impuls ein Wort bzw. die erste Schwingung ist, Lanoo) „das Gras, die Kräuter, den Samen, die Frucht und den Baum, wobei Gras und Kräuter Samen ihrer Art hervor brachten und der Baum eine Frucht entwickelte, deren Samen in ihr selbst war“ (Svabhavat, Lanoo): „Und Gott sah, dass es gut war“ (besser: dass es war).
Acht Superengel steigen zum ersten Mal auf den noch fast abstrakten D-Globus der Erdkette herab, um diesem zukünftigen Erdplaneten und seiner monadischen Lebenswelle einen stärkenden Impuls zu geben. Die acht Superengel oder Mahā-Devas sollen bis zum Ende der Erdkette und ihrer 7. Runde noch 999 Mal wiederkehren (in Intervallen von ca. 4.320.000 Jahren). Wann werden die Mahā-Devas in unserer Epoche erscheinen? Das nächste Mal werden sie sich um ca. 3.960.000 nach Chr. manifestieren. Das letzte Mal materialisierten sich die Mahā-Devas auf der Erde um 360.000 vor Chr., aber es gab und wird in dieser Zeitperiode von 4.320.000 Jahren viele Erscheinungen engelsgleicher Kräfte geben, zum Beispiel um 150.000 vor Chr., als die 8 Super-Devas (8 Mahā-Devas) zum Beginn des siderischen Jahres den Bau der Großen Pyramide überwachten. Damals war der Polarstern auf seinem niedrigsten Kulminationspunkt und die Plejaden waren auf dem gleichen Meridian, jedoch weiter oben.

Aber zurück zum Jahr 2.169.000.000 vor Chr. Die Erde hat sich aus der Kraft des Mondes heraus entwickelt. Die sechs anderen Planeten unseres exoterischen bzw. sichtbaren solaren Systems[2] (die Sonne als zentralen Stern eingeschlossen) evolvieren (oder werden evolvieren)) in unterschiedlicher Kettenanordnung aus ihrem bzw. ihren „Eltern“-Planet(en) heraus und werden auf diese Weise ihre Ketten bilden oder schon

2 Esoterisches Sonnensystem: A,B, Mars, Erde, Merkur, Y, Z.

gebildet haben. 60.000.000.000 Monaden sind bereit, Bewusstsein zu erlangen, und zwar auf sieben Globen der Erdkette und in sieben Runden während 4.320.000.000 Jahren, nach denen die Erde (während sie stirbt) ihre Lebenskraft in ein neues Laya-Zentrum projiziert und zum Mond eines neuen Planeten wird. Das nennt man Reinkarnation eines Planeten[3]. Zeitperiode für jede Runde im Verhältnis 4:3:2:1.

DER WEG DER MONADE AUF DER ERDE

Während der ersten drei Runden auf der Erde steigt die (duale) Monade (Âtma-Buddhi oder Geist-Seele) herab und berührt den (noch) ätherisch-astralen Planeten „Erde", um so duale (+ /-) Energiezentren auf der Astralebene zu verursachen. Parallel zu diesem Prozess wurde (während der ersten Runde) das Fundament für die Erdatmosphäre gelegt, und zwar von den Mānasaputras, die ihre mentale Essenz mit der sich entwickelnden Erdkette vermischten, indem sie ihre eigene Natur, die Licht, Intellekt und Leben ist, verströmten. Später, wenn sich die Erde festigt, werden die astralen +/- Zentren zu zytoplasmischen Energiezentren materialisieren. Die Wurzel allen physischen Lebens ist das Protoplasma ohne Kern, auch Zytoplasma genannt (und das war genau das Material, aus dem die ersten sichtbaren Rassen gemacht wurden: Albuminartiges Zytoplasma).

Aber die Ursache dieses Kerns ist die Dualität der Monade oder des himmlischen Menschen. OM der Dualität der Monade, verursacht von der Dualität von Brahmā, verursacht von der (latenten) Dualität von Brahman (neutral), und OM der immer versteckten grundlosen Ursache aller Ursachen, wodurch sogar Brahma zu einer Wirkung erklärt wird. Aber für unser Verständnis und das des höchsten Planetenengels und sogar das von Brahmā ist Brahman die höchste Ursache.

Noch einmal: Der Unterschied zwischen Brahmā und Brahman (oder Brahma) besteht darin, dass Brahmā das Selbst unseres Sonnensystems ist, während Brahman (oder auch Brahma) das universelle Selbst ist, das alle Sonnensysteme einschließt. OM an

P A R A B R A H M

Erwartete Summe der 7 Runden auf der Erde unter patriarchalischem Einfluss

ca. 2.169.000 000 v. Chr.

Erste Runde

(777x7 Inkarnationen per Runde für jede menschliche Monade auf der Erde)

WURZELMANU: Svāyambhuva SAMENMANU: Swarochi

Bewusstsein: Nur dimensional. Länge: ca. 617.000.000 Jahre (einschließlich der Ruheperiode der Interketten).

Alle 60.000.000.000 Monaden sind bereit, sich auf die Erde herab zu begeben (nach-

3 Analog zur Wiedergeburt des Menschen

dem sie die ersten drei Globen der Kette geformt und durch sie hindurch gegangen sind). Die am höchsten entwickelte kommt zuerst. Schon in der ersten Runde erscheinen hohe Wesenheiten von einer vorhergehenden Inkarnation auf der Kette zuerst und vermischen sich sofort mit den Elementalen. Während der verbleibenden sechs Runden werden sie aufeinander zu arbeiten, sich in der vierten (unserer) Runde begegnen und dann weiter aufwärts (die hohen Wesenheiten) und abwärts (die Elementalen) streben, soweit Karma das erlaubt. OM. Bereits auf dem ersten, dem A-Globus, erreichen sie Bewusstsein als Stein (Mineral), Pflanze, Tier und schließlich „Mensch". Aber all diese „Formen", die sich an die Monade klammern, sind ätherische Prototypen von Stein, Pflanze, Tier und Mensch. Diese ersten „Menschen"[4] werden Patriarchen genannt. Jeder von ihnen repräsentierte einen der Sieben Strahlen. Sie waren der Samen der Menschheit und waren ätherisch und geschlechtslos. Die anderen Monaden, die nach ihnen kamen, mussten durch die Patriarchen hindurch und mussten deren Formen und deren Bewusstsein annehmen. Dann werden sie ihre eigenen Erfahrungen auf den Globen der Kette machen (3 Runden lang), bis sie die Patriarchen wieder treffen werden.[5] Diese Patriarchen, die sich während der drei Runden entwickeln, werden parallel dazu ihre affenähnlichen (aber nur ähnlichen) Formen projizieren.

Es folgen die sieben Patriarchen[6], Emanationen des Zweiten Kosmischen Strahls, von der späteren Bibel kopiert und als wirkliche Menschen „verkauft". In Wahrheit sind es Geistwesen.

DER PATRIARCH DES ERSTEN STRAHLS
Der Herr des Willens und der Macht, der im Planeten Vulcanus (hinter der Sonne versteckt) residiert. Er hält den Schlüssel zu Leben und Tod in der Hand; er verbindet und trennt wieder. Er ist der wohltätige Zerstörer (Shiva-Aspekt). Er transformiert seine Energien durch Widder, Löwe und Steinbock. Er verkörpert den dynamischen Gottesgedanken und ermöglicht so den Emanations- und „Schöpfungs"- Prozess.

DER PATRIARCH DES ZWEITEN STRAHLS (mystischer Name: Harikesa)
Der Herr von Liebe und Weisheit. Er ist der Ausdruck des kosmischen Christus. Der Herr der Liebe und Weisheit residiert im Planeten Jupiter. Er verleiht allen Formen die

---

4 Sie sind die „Patriarchen" der heiligen Schriften, es wurde aber niemals davon ausgegangen, dass sie aus Fleisch und Blut wären oder gar Führer eines Stammes, der sich „die auserwählten Menschen" nennt

5 Astralform der Monaden der zweiten Klasse.

6 In Wirklichkeit gab es über eine Million, die immer in Gruppen von sieben erschienen, aber wir zeigen hier nur die 7 Prototypen der Patriarchen. OM.

Fähigkeit der Liebe und ist deshalb der wichtigste und mächtigste der Sieben Strahlen. Er überträgt seine Energien durch Zwilling, Jungfrau und Fische. Kontrollierender Faktor: Jungfrau, auf diese Weise wachsende Aktivität des Christus-Prinzips in den Herzen der Menschheit produzierend.

DER PATRIARCH DES DRITTEN STRAHLS, mystischer Name: Viśvakarman
Er ist der Ausdruck der Dritten Person der Dreieinigkeit, des Heiligen Geistes. Auf kosmischen Ebenen präsentiert er die der Materie innewohnende Intelligenz. Er ist jetzt in der zweiten Phase der Manifestation. Dieser Herr des Dritten Strahls arbeitet eng zusammen mit dem Herrn des Zweiten Strahls. Er kommt wie alle anderen Strahlen vom Großen Bären und so erreicht die Energie von Visvakarman unsere Sonne durch Krebs, Waage und Steinbock. Der Herr des Dritten Strahls wohnt im Planeten Saturn. Kontrollierender Faktor: Krebs, was die Massenbewegung in Richtung Freiheit und Licht erklärt, die heute so dominiert.

DER PATRIARCH DES VIERTEN STRAHLS, mystischer Name: Viswatryarches
Herr der Harmonie, Schönheit und Kunst. Er wohnt im heiligen Planeten Merkur. Sein Programm heißt Harmonie durch Konflikt, Lernen durch Leiden. Viele Wege führen nach Rom... Er lehrt Verfeinerung und Perfektion durch Manipulation (im positiven Sinne) der Energien Gottes, bis wir verstehen, dass die Form ehrlich ist und immer „der Tempel Gottes“. Sein Sternkreiszeichen ist Stier, Skorpion und Schütze. Kontrollierender Faktor: Skorpion.

DER PATRIARCH DES FÜNFTEN STRAHLS, mystischer Name: Sannadha
Der Herr konkreten Wissens und der Wissenschaft. Er wohnt im Planeten Venus. Zusammen mit dem Mahā-Chohan ist er verantwortlich für die Botschaft, die im *BUCH DES LICHTS* enthüllt wird. Sannadha hat auch Wissenschaftler wie Fritjof Capra (*Toa of physics*), den Biochemiker Albert Szent-Gyorgyi, Gary Zukav und andere inspiriert. Tierkreiszeichen: Löwe, Schütze und Wassermann. Sannadha inspiriert hauptsächlich die Fünfte Rasse.

DER PATRIARCH DES SECHSTEN STRAHLS, mystischer Name: Sarvavasu
Herr der Ergebenheit und des Idealismus. Er wohnt im Neptun. Tierkreiszeichen: Jungfrau, Schütze, Fische. Er hilft uns, unpersönliche Ergebenheit zu transformieren und dem Wohle aller zu dienen. Ungefähr um 2000 n. Chr. wird der Einfluss des Herrn der Ergebenheit und des Idealismus enden und Platz machen für den Herrn der zeremoniellen Magie und Ordnung, der die Menschheit dafür vorbereiten wird, unter dem *BUCH DES LICHTS* vereint zu werden, in das DER KOSMISCHE CHRISTUS inkarnieren wird. *DIE WAHRE BEDEUTUNG DER BIBEL* wird alle Religionen ihren gemeinsamen Ursprung erkennen lassen und *DAS BUCH DES LICHTS* wird den Weg weisen.

DER PATRIARCH DES SIEBENTEN STRAHLS, und da es sieben Patriarchen gibt, durch die die Menschheit sich entwickelte, gibt es auch sieben Archetypen (physiologisch und spirituell) des Menschen. Mystischer Name: Svarāj. Der Herr der zeremoniellen Magie und Ordnung ist auch der Herr von Gesetz und Ordnung, der im *BUCH DES LICHTS, aber auch in DIE WAHRE BEDEUTUNG DER BIBEL* manifestiert. So ist also Entwicklung begleitet von Veränderungen entlang der Linie zerstörender kristallisierter Kräfte (Anstieg der Radioaktivität), die die wirklichen Werte, die in der Form versteckt sind, freisetzt und somit die Botschaft, die durch *DAS BUCH DES LICHTS* gelehrt wird, begründet, und diese lautet: Gesetz und Ordnung und friedliche Koexistenz durch Wissen und Seelenatem-Meditation. Svarāj wohnt im Uranus. Tierkreiszeichen: Widder, Krebs, Steinbock. Kontrollierender Faktor: Steinbock. Unter diesem Sternzeichen geboren worden zu sein (15.01.45) war einer der Gründe, weshalb ich ausgewählt wurde, *DAS BUCH DES LICHTS* zu schreiben. Svarāj ist der Herr der Macht, des Denkens und der Entscheidung. Wenn Denken auch Entscheidung ist, ist Entscheidung Denken. Vollständige Hinwendung zum Absoluten und Loslösung von der Welt und den Sinnen ist die endgültige Entscheidung. Zusammen mit dem Studium *DES BUCHES DES LICHTS* führt das direkt zu NIRVĀNA, dem der Schüler, wenn er es so will, wieder entsagen kann, um den Menschen zu helfen. Svarāj ist immer dann aktiv, wenn eine Seele den Himmel verlässt, um in ein Kind zu inkarnieren und auch dann, wenn dieses Kind geboren wird.

1.869.000.000 v. Chr.

300.000.000 Jahre sind vergangen, während der die astralen Prototypen der Minerale, Pflanzen, Tiere und Menschen (und deren Reiche) vollendet worden sind. Sie entwickelten und bildeten sich neu aus den abgestoßenen Materialien der vorhergehenden Runde (auf der Mondkette).
Von nun an arbeitet sich die Natur, beginnend mit der Menschheit, abwärts und alle Formen materialisieren und verhärten sich. Viele Fossilien, die heute (21. Jhd.) gefunden werden, gehören zu oder waren diese astralen Prototypen, die später materialisierten oder kristallisierten, was der Grund ist, warum Wissenschaftler heute Schwierigkeiten haben, das wahre Alter von Fossilien zurückzuverfolgen. Was sie nicht wissen, ist, dass ALLES zuerst astral war und DANN materiell wurde.

An diesem Punkt des Buches sind wir immer noch in der ersten Runde. Zuerst waren die „menschlichen" Monaden auf Globus D (Erde), die sofort nach den Patriarchen erschienen, riesig und ätherisch. Alles Geist, keine Intelligenz. Die Strukur eines Planeten (plus Kenntnis des Alters dieser Kette) gibt uns exakte Informationen über Form und Struktur seiner Bewohner. Zum Beispiel: Venus ist in der letzten (7.) Runde und in der fünften Kette, was bedeutet, dass noch 2 Ketten und 15 Runden kommen. Und weil sie so fortgeschritten sind, werden sie in der vierten Runde die Adepten der drit-

ten Wurzelrasse finden. OM. Am Ende der Runde stoßen die Monaden ihre Vehikel ab und ziehen sich in nirvānische Regionen zurück. Vorher erfahren oder erinnern sich viele von ihnen an die Gesamtheit all ihrer glückseligen himmlischen Existenzen zwischen den Inkarnationen in dieser Runde. Das, oh Lanoo, wird „große Belohnung" genannt und passiert vielen Monaden am Ende einer jeden Runde, ausgenommen das Ende der siebenten. Dort ist die Erfahrung sogar noch intensiver. OM.
Alles fällt ins Pralaya. Die Patriarchen bleiben während dieser Finsternis auf dem Globus D...

2. Runde

Die Atmosphäre auf der Erde, bis dahin reine Energie, wird allmählich vervollkommnet (von den Elementalen, unter der Führung der Mānasaputras) und kondensiert.

Wurzelmanu: UTTAMA
Samenmanu: Thamasa
Bewusstsein: 2- dimensional

Alle Monaden der vorherigen Runde und neue Monaden steigen zur zweiten Runde auf die Erdkette herab. Sie alle waren in der ersten Runde die ätherischen Prototypen von Steinen, Pflanzen und Tieren (außer den neu hinzu gekommenen Monaden), haben aber natürlich ihre vollständige Form noch nicht erfahren. Nun, da Globus D (den wir jetzt Erde nennen) mehr und mehr von ätherisch zu astral kondensiert, erreichten seine Wesen dieselben Strukturen.
Die „Menschen" der zweiten Runde und ihre 7. Wurzelrassen sind nun weniger riesig, aber immer noch gigantisch, weniger spirituell und etwas „intelligenter". Sieh einen Menschen der zweiten Runde (um 1.552.000.000 v.Chr.), der von der Größe her mit der Freiheitsstatue verglichen werden kann.

„DIE GROSSE BELOHNUNG ERWARTET SIE AM ENDE DER RUNDE"

3. Runde

WURZELMANU: Raivata
Samenmanu: Chackchuska
Bewusstsein: 3-dimensional

Der Körper des Menschen ist nun fester und „verdichteter“, obwohl immer noch Materie in einem Zustand zwischen astral und dicht; gelatineartig oder zytoplasmische Zelle, Protoplasma ohne Zellkern.
Die Form des Menschen war affenartig[7]. Sie sind viel mentaler[8] als spirituell, ihre Statur ist zurückgegangen auf 200 Fuß. Es gibt (noch) keine inneren oder äußeren Organe, nur „die Form“ oder weiß-graues[9] Zytoplasma in Variationen (7 Wurzelrassen). Sieh, oh Lanoo, ein Wesen der dritten Runde auf der Erde, um 935.000.000 v. Chr.

Astro-zytoplasmischer Vorfahre von.... uns

In jeder Runde sondert das Wesen etwas von seiner Substanz (oder Monaden) ab, die zusammen mit der Struktur des Globus als Wurzelmaterial (Stein, Pflanze, Tier) für die nächste Runde dient. Und noch einmal: Sie bekommen die „große Belohnung“.

---

7 Was keinesfalls bedeutet, dass der Mensch vom Affen abstammt, denn damals gab es keine Affen; die Menschen (damals) hatten einfach eine affenartige Form.

8 Was bedeutet, dass er mehr und mehr auf seine Umwelt reagiert und diese reflektiert und weniger auf die Monade. Aber eines Tages wird der Sohn zum Vater zurückkehren, nachdem er sieben Runden lang durch maya desillusioniert worden ist. OM.

9 Wie können wir wiederum sagen „weiß-grau“, wenn es doch keine Augen gab, dieses so zu klassifizieren. Oh, Lanoo, alles ist eine Illusion. Farbe ist nur deine Art und Weise, ein Kleidungsstück von Deva zu reflektieren oder eine Schwingung.

DIE KOSMISCHEN SUBEBENEN

Jede der sieben niedrigsten kosmischen Ebenen, auf denen oder in der (auf der siebenten) unsere Erdkette wohnt, ist selbst siebenfältig. Das ist wichtig zu wissen, weil die Globen der Kette auf diesen Subebenen in einer bestimmten Reihenfolge angeordnet sind. Zum Beispiel ist unser Planet Erde als Globus in der ersten Runde auf der höchsten Subebene (von oben) auf unserer siebenten kosmischen Ebene (welche die niedrigste im Universum ist) angeordnet. Während der zweiten Runde ist unser Globus Terra auf der zweiten Subebene (von oben) unserer siebenten kosmischen Ebene. In der dritten Runde ist die Erde auf der dritten Subebene der siebenten oder der niedrigsten kosmischen Ebene. Und jetzt (21. Jahrhundert) in Runde 4, nachdem wir den Mittelpunkt überschritten haben (um 9.000.000 v.Chr.)? Wo sind wir jetzt? Natürlich auf der vierten Subebene der siebenten kosmischen Ebene. Werden wir dann in der 5. Runde (als Globus 1) auf der 5. Subebene sein? Nein, denn wir sind, wie Erde und Menschheit, auf dem aufsteigenden Bogen, zurück zum Geist. OM.

Auf diese Art und Weise wird sich die Erde während der Runden 5,6 und 7 auf die Subebenen 3, 2 und schließlich 1 zurückziehen. Noch einmal: Während der Runden 5, 6 und 7 wird sich die Erde auf die Subebenen 3, 2 und 1 zurückziehen. Das Gleiche wird mit den anderen sechs Globen der Kette passieren. Sie alle entwickeln sich in der ersten Runde auf der ersten Subebene ihrer kosmischen Ebene, während der zweiten Runde auf der zweiten, während der dritten Runde auf der dritten, während der vierten Runde auf der vierten Subebene, und dann ziehen sie sich während der Runden 5, 6 und 7 auf die Ebenen 3, 2 und 1 zurück. Danach: Langes Pralaya, und dann beginnt die nächste Runde.

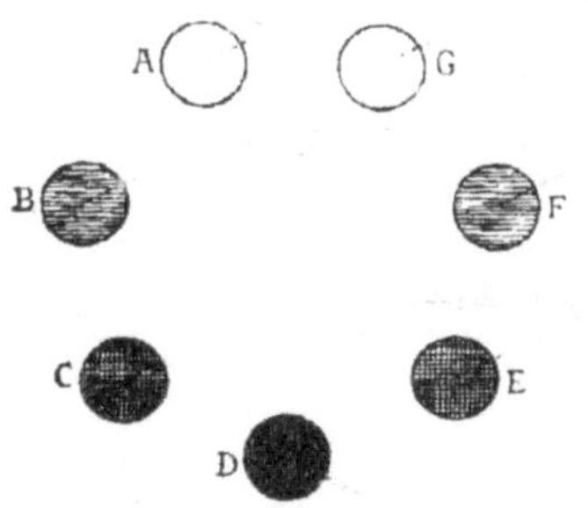

Aber: Die Globen A, B, C, E, F und G sind nicht auf der gleichen kosmischen Ebene wie Globus D (unsere Erde), wie wir in der Grafik sehen kön-nen. Globen A und G sind auf der vierten kosmi-schen Ebene (von oben), die Globen B und F sind auf der fünften Ebene, die Globen C und E auf der sechsten Ebene und Globus D natürlich auf der siebenten und niedrigsten kosmischen Ebene. Wichtig: Nach jeder Runde gibt es eine Periode der planetarischen Ruhe oder des Pralaya. Der Planet verbleibt in einem schlummernden Zustand oder Status quo, wie ein riesiges Tier, das im Polareis gefangen bzw. für Äonen begraben ist, aber das gleiche bleibt. Alle Lebensformen werden während des Pralaya zerstört, aber ihre ākāsischen Prototypen werden im Superäther für die Ewigkeit aufbewahrt, bereit, beim Neuerwachen die neue Matrix der physischen Lebensform zu sein. Aber die Sache geht tiefer: Alles, von der Maus über den Stuhl bis zu einem Raumschiff oder was auch immer du dir vorstellen kannst, hat seinen Gegenpart in Ākāśa. OM. OM der Weisheit und dem Wissen.

DIE ERSTEN DREI RUNDEN AUF UNSERER ERDKETTE VOM WISSENSCHAFTLICHEN STANDPUNKT AUS GESEHEN

Länge einer jeden Runde: Ca. 617.000.000 Jahre, einschließlich eines interplanetarischen Pralaya-Nirvāna bzw. einer Ruheperiode für die Monaden zwischen den Runden. Sieben Runden oder die Lebenszeit einer Kette sind ein Tag von Brahmā oder 4.320.000.000 Jahre. Beginnen wir, als die Erde geboren wurde:

Um 2.169.000.000 v. Chr.

RUNDE EINS: Die Erde ist ein-dimensional und besteht aus einem Element: dem ākāśischen Feuer. Genauso verhält es sich mit ihren Wesen (Steine, Pflanzen, Tiere) oder vielmehr ihren Prototypen. Die herabsteigende Monade, die eine abstrakte Emanation des Absoluten ist, umgibt sich selbst mit ein-dimensionalem Feuer, was genau dem Daseinszustand unseres Planeten in der ersten Runde entspricht. (Periode der planetarischen Finsternis gegen Ende der ersten Runde). Die Erde ist in der ersten Runde (2.169.000.000 v. Chr.)[10]

Um 1.552.000.000 v. Chr.

RUNDE ZWEI: Die Erde ist zwei-dimensional und besteht aus zwei Elementen: Feuer und Erde (bzw. den ākāśischen Prototypen von Feuer und Erde). Genauso verhält es sich mit ihren Wesen. Sie ordnen ihre Struktur um die Monaden herum an. Der lebens- oder bewusstseinsauslösende Effekt der Monade ist über 311.040.000.000.000 Jahre immer der gleiche (was die Supermonade oder den manifestierten Brahman betrifft); es ist nur das Bewusstsein der Räder (der Globen oder planetarischen Chakren) und ihrer Wesen, das sich von Runde zu Runde verändert und dabei mehr und mehr zur Natur der Monade(n) hin tendiert, bis sie wieder in ihre Monade eintauchen und alle Monaden in die Supermonade und die Supermonade ins Absolute.
Aber: Feuer war damals nicht, was es heute ist, und das Gleiche zählt für die Erde. Alles war damals in einem Zustand zwischen ätherischer Energie und Materie, von ākāśischer Natur und die Wurzel dessen, was wir heute (21. Jhd.) in der vierten Runde Feuer und Erde nennen. Aber in der ersten, zweiten und auch in der dritten Runde war uns dieses „Ākāśa“ anders bewusst, als wir es heute mit unseren Sinnesorganen wahrnehmen.
Warum? Weil wir, wie alle anderen Lebensformen auf der Erde, damals astral waren. Wir WAREN diese Elemente, waren eng verbunden mit ihnen, wie es später und sogar noch heute die Eingeweihten sind, weshalb sie keine Instrumente benötigen, um

---

10 Sie sehen keine Illustration, weil eine Illustration schon mindestens zwei-dimensional ist, aber die Erde und ihre Wesen um 2.169.000.000 EIN-dimensional waren.

die Sterne einzuschätzen. Die ätherisch-astrale Materie in ihren Körpern war verbunden mit den ätherisch-astralen Körpern bzw. mit den Gegengloben der Planeten. Wir alle (Minerale, Pflanzen, Tiere, Menschen) schwimmen und driften in einem See von Äther und sind so miteinander verbunden. Die Götter (Devas) haben uns die Kraft, per Äther zu korrespondieren[11], genommen, weil wir sie missbraucht haben für andere Zwecke als für Liebe und Mitleid. Noch einmal: Die Erde war in der zweiten Runde und ca. 1 Milliarde v.Chr. ein zwei-dimensionales Rad von Ākāśa-Feuer, und genauso verhielt es sich mit ihren Wesen.

Dir Erde in der zweiten Runde (1.552.000.000 v. Chr.)

<u>RUNDE DREI</u>: Das Erdjahr hat 356 Tage. Die Erde wird bis zu 365 ¼ Tag (21.Jhd.) pendeln und dann wieder zurück auf 356 Tage oder Rotationen pro Jahr. Aber <u>360</u> ist das Gesetz. OM.
Um 935.000.000 v. Chr.: Der Planet Erde und seine Wesen werden drei-dimensional und drei-elemental: Feuer, Erde, Wasser. Luftdruck: Viel höher als jetzt. Aber: Wasser damals war nicht das, was es jetzt in der vierten Runde ist, es war eher „flüssige Kohle“. Mit anderen Worten: Unser Planet Erde war in bzw. während der dritten Runde ein Globus flüssiger Kohle mit einer ākāśischen Substanz als Zentrum. Und er hatte „Steine, Pflanzen, Tiere und Menschen, aber nicht wie wir sie heute kennen.

---

11 Obwohl schwarze und weiße Magie heute noch per Äther arbeiten, denn wir sind alle durch Äther verbunden und wir SIND tatsächlich Äther (wenn auch in komprimierter Form).

Sie waren eher astral-flüssige Schatten. Oh, Lanoo, die Wesen oder Lebensformen passen ihre Struktur der Struktur des Planeten an, den sie bewohnen, entsprechend der Runde, in der sich ihr Globus befindet. Bald werden wir diesen Planeten zugunsten des fünften Globus unserer Kette, Globus E, verlassen.
Während der dritten Runde gibt es ein Ansteigen der Radioaktivität, und zwar in der zweiten Hälfte der Runde. Monaden der dritten Klasse erreichen menschlichen Status.

DIE ERDE vor 1.000.000.000 v. Chr.

Alle Lebensformen befinden sich in kritischem Zustand. Astral-flüssige Tiere existieren von anderen Ketten, aber noch nicht von Menschen.
Unsere Planeten von heute (21. Jdh.) inhalieren Kohlendioxid, denn sie sind dessen (früher flüssige) Mutter. Später verfestigten sie sich und bildeten das Material für Fettkohle, Braunkohle, Kalkstein usw.
Alle Tiere von heute stammen vom Menschen ab und kamen <u>nach</u> diesem (wie bewiesen in Genesis, Kapitel II, v 19).

Um 800.000.000 v. Chr. – Geburt der Tiere[12] IN DER DRITTEN RUNDE

„Menschen" der dritten Runde sondern Tiermonaden ab. Sogar heute (im 21. Jhd.) versorgt unser niederer astraler Bodensatz dazwischen liegende Prinzipien des Tierreiches mit Substanz. Oder: Abgesonderte Substanz unseres niederen Astralkörpers wird (auch) zur Astralsubstanz eines Tieres oder füllt die Astralebene der Tiere neu. OM.

Wichtig: Alle Formen, die jetzt (21. Jhd.) auf der Erde existieren, sind nur Variationen abgesonderter astral-zytoplasmischer Monaden von Menschen der dritten und vierten Runde. Die Erde ist hauptsächlich physisch, ein von Menschen gemachter Planet, buchstäblich Knochen von unseren (damals astralen und jetzt dichten) Knochen und Fleisch von unserem (damals astralen und jetzt dichtem) Fleisch.
Sind sie einmal von ihren menschlichen Eltern-Strukturen losgelöst, formen diese Monaden eine eigene Klasse, die wir nun „die Tiere" nennen. Jedes von ihnen evolviert entlang seiner eigenen Linie, wenn die Lebenswelle der dritten Runde den Globus D verlässt. Manvantarische Ruhe am Ende der Runde 3.
Die Tierformen werden in der aurischen ākāśischen Hülle der Erde aufbewahrt, aber ihre Monaden ziehen sich nach NIRVĀNA zurück. Was sind dann die Tierformen? Sie, oh Lanoo, sind Monaden oder Sub-Monaden. Es gibt nichts außer Monaden. Die

---

12 Hauptsächlich Säugetiere. Später verdichten sie vollständig.

Tierformen werden in der vierten Runde rematerialisiert. Nun passiert das Umgekehrte wie in Runde 1. Die menschliche Form wird in eine Kohäsion von Tieratomen herabgezogen. Das Säugetier evolviert aus dem Menschen. Die Atmosphäre auf der Erde während der ersten drei Runden war Stickstoff (jetzt bildet Stickstoff immer noch 4/5 der Erdatmosphäre). Wasser war damals, was heute Astral-Seelenstoff ist. OM.

Lebensformen auf der Erde um 600.000.000 v. Chr.

Fast endlos viele ätherische Spezialisierungen, verursacht durch Svabhavat, dem der Monade innewohnenden Evolutionsdruck. Vögel entwickeln Flügel und Beine, Fische entwickeln Flossen, Landtiere passen sich um 320.000.000 v. Chr. dem Land an, Wassertiere dem Wasser und Lufttiere der Luft, und all das geschieht entsprechend dem Verlangen, das dem Wesen innewohnt. Aber nicht einmal zwei Tiere gleichen sich, denn alles in diesem Universum (verursacht durch Monaden) strebt in Richtung Individualisierung.

Erklärungen zu den ersten drei Runden: Die Monaden, die Erfahrungen im Menschenreich haben, haben ihre fortgeschrittenen Sphären der Erwartung verlassen. Jene Monaden, die NIRVĀNA nicht erreicht haben, schlummern in diesen Sphären in unbewusster Glückseligkeit.
Um zu verstehen, was in den ersten drei Runden mit den Monaden (und nicht nur mit den menschlichen Monaden) passiert, müssen wir wissen, dass alles aus Monaden besteht, die verschiedenen Reiche genauso wie die Globen und die Monaden selbst. In der menschlichen Monade schlummern zum Beispiel Mineral-, Pflanzen- und Tiermonaden.

Erste Runde: In oder während der ersten Runde helfen alle Monaden, vom höchsten Dhyān-Chohan bis zum „niedrigsten" Elemental, die Grundlage für alle sieben Globen der Kette zu bilden, aber während der zweiten Runde arbeitet jede Monade an ihrem eigenen Reich und von der zweiten Runde an können Monaden, egal welcher Klasse oder in welchem Reich, sich nur höher entwickeln und niemals in ein Reich unter ihnen (obwohl sie gewisse monadische Klassen und Reiche wiederholen können, wie wir später sehen werden).

Was ich also sagen will, ist, dass die Monade, die über dem Elementalreich schwebt, sich eines Tages, früher oder später, unvermeidlich in ein höheres und höheres[13] Reich entwickeln wird, bis sie schließlich das Mineral-, Pflanzen-, Tier- und das Menschen-

13 Was tatsächlich bedeutet: Eine höhere Bewusstseinsebene und demzufolge weniger Verlangen nach physisch dichter Manifestation.

reich erreicht. Aber eine Monade kann niemals in ein Reich, das unter dem ihren ist, zurückfallen. Das ist unmöglich. Natur bedeutet Fortschritt, egal wie langsam uns dieser Fortschritt auch erscheinen mag, und folgerichtig kann der Mensch auch nicht in ein Tier zurück inkarnieren. Fälle, in denen das so scheint, werden später besprochen. Die dritte Runde ist eine ganz besondere, denn dort sondert die menschliche Monade die Tiermonade (die in der menschlichen schlummert) ins Tierreich ab. So ist es also richtig zu sagen, dass alle Säugetiere vom Menschen abstammen. Sogar die Steine und Pflanzen hatten ihre Wurzeln im ätherischen Menschen der ersten und auch der zweiten Runde. Sie waren schlummernde Elemental-, Mineral-, Pflanzen- und Tiermonaden, weshalb man sie auch Samenmonaden nennen könnte. Noch einmal: Steine, Pflanzen und Tiere stammen vom Menschen ab, wenn wir alle späteren Kaltblüter ausschließen. OM.

Was passiert mit der Tiermonade während der dritten und später in der vierten Runde? Nachdem sie ihre Eltern-Monade, welche die menschliche Monade ist, verlassen hat, beginnt die Tiermonade, nun in einem Tierreich und so jenseits der Kontrolle der menschlichen Monade ein eigenes Leben und entfaltet fast endlos viele Variationen seiner monadischen svabhāvischen Substanz, was in der vierten Runde in fast endlos vielen Variationen von Tieren resultiert; Formen, die sich selbst der kühnste wissenschaftliche (oder sollte ich sagen Sciencefiction-) Geist nicht vorstellen kann. Säugetiere sind Säuger, weil sie vom säugenden Menschen abstammen. Ist das nicht offensichtlich und eindeutig? Auf diese Art und Weise hilft durch die Runden, Reiche und Ketten stets das Höhere dem Niederen sich zu entwickeln, und dabei spielt es keine Rolle, wie weit das Niedere (manchmal) das Höhere auf seine Ebene hinunter ziehen will. Es ist der ewige Kampf des Geistes gegen die Materie, aber am Ende gibt es immer einen Sieger: Geist oder Âtma. OM.

DIE ŚISHTAS

Die Śishtas sind (und bedeuten) Reste. Wenn die Monaden während einer Runde von einem Globus zum nächsten wechseln, sei es „aufsteigend" oder „absteigend", hinterlassen sie (die Monaden) Śishtas auf dem Globus, man kann die Śishtas auch den Samen des Lebens nennen.

Der jeweils höchste Repräsentant eines Reiches, sei es ein Stein, eine Pflanze, ein Tier, Mensch oder sogar ein Gott (besser: Dhyān-Chohan) hinterlässt seine „Abdrücke", Lebenssamen oder Śishta auf dem Planeten oder Globus, und wenn höher entwickelte Wesen in die nächste Runde zurückkehren, finden sie entsprechende Körper für sich selbst anstatt von Körpern, die wir lieber astro-ätherische Prototypen nennen, um welche sich dann, wie auf Globus D unserer Erde zum Beispiel, die physischen Körper entwickeln. Ein Wirt dieser Śishtas wurde, was heute „der Stille Beobachter“ genannt wird. „Er“ war bzw. ist unter Śishtas der dritten Runde zu verstehen. Der „Stille Beobachter“ war folgerichtig auch da, als die vierte Runde begann, so dass wir nicht allein auf dem Weg sein würden. Er, der „Stille Beobachter“ (die halbgöttliche Natur des Stillen Beobachters) wird bei uns bleiben, bis wir diesen Globus verlassen und auf Globus E wechseln. OM. OM dem Geheimnis (oder vielmehr Dhyān-Chohan) der Śishtas. Der „Stille Beobachter“ ist tatsächlich der Hierarch, der selbst die Hierarchie ist. OM. Also opfert sich der „Stille Beobachter“ in der dritten Runde selbst, weil er nicht mit den Monaden auf den nächsten Globus bzw. die nächsten Globen aufgestiegen ist, sondern zurückblieb als Śishtas oder Lebenssamen. Wenn die neue monadische Lebenswelle die vierte Runde und schließlich Globus D (unserer Erde) betritt, schließen sich diese Śishtas oder Reste der dritten Runde selbst zu einer Einheit zusammen und bilden so den „Stillen Beobachter“ oder auch die Hierarchie oder vielmehr die übergeordnete Hierarchie, denn die Hierarchie selbst existiert immer. Aber der „Stille Beobachter“ vermischte sich so stark mit der Hierarchie, dass er die Hierarchie **wurde**. Der „Stille Beobachter“ weigerte sich zu gehen, bevor er nicht alles für die nach ihm Kommenden bzw. die weniger entwickelten Egos (Monaden, die mit den Manas verheiratet waren) getan hatte. – Aber was, oh Mahā-Chohan, wird mit uns geschehenn, wenn wir einmal Globus D verlassen haben und zu Globus E aufsteigen? – Dann möchtest du also einer von denjenigen sein, die diesen Globus verlassen, oh Lanoo? – (Ich wurde gerade Zeuge der „Enttäuschung“ des Mahā-Chohan. Aber wieso schon wieder ICH? Ich - ein Mitglied der Hierarchie, einer von denen, die bleiben, um der Menschheit zu helfen? Wie kann ich dessen wert sein? Aber etwas in mir, oder ist es der Chohan, sagt: „Du bist so weit gegangen, nun kannst du auch den ganzen Weg gehen...). – Sieh, oh Lanoo, viele sind auserwählt, die auf diesem Globus D bleiben werden, wenn die anderen ankommen mit oder als Lebenswelle der fünften Runde. Die **Loge des Lichts** wird bis dahin die Śishtas auf eine neue Welle vorbereitet haben. Bodhisattvas sind sie, vorbereitet Upādhis zu sein oder Vehikel für die Menschheit der Fünften Runde. Das ist die wahre Definition des Opfers von Jesus im Neuen Testament. Und wie sie die Wahrheit verfälschten! Aber die wahre Bestimmung der Śishtas besteht darin, dass, wann immer sich eine Lebenswelle, sei es ein Stein, eine Pflanze, ein Tier, ein Mensch oder Götter oder sogar Elementale, von einem Globus der planetarischen Kette zur nächsten bewegt, zum Beispiel um 300 Millionen n. Chr., die Śishtas mit jeder Runde mehr werden, was aber nicht bedeutet, dass sich mehr und mehr Wesen aus ihnen oder durch sie entwickeln, weil zum Beispiel am Ende der fünften Runde auf diesem Globus (Erde) die Tiermonaden NIRVĀNA betreten und die Śishtas reduziert werden, weil mehr und mehr Tiermonaden nicht in der Lage sein werden, dem Aufwärtspfad der geistigen und materiellen Evolution zu folgen. OM. Die Monaden, die nicht auf den nächsten Globus wechseln können, weil sie geistige Versager sind, werden sich nach NIRVĀNA zurückziehen, während ihre Astrale „ewige“ Verdammnis leiden müssen in den niedersten astralen Regionen. Aber selbst sie werden neue Gelegenheiten erhalten nach Äonen des Leidens.

Fast um 318.000.000 v. Chr. am Ende der dritten Runde

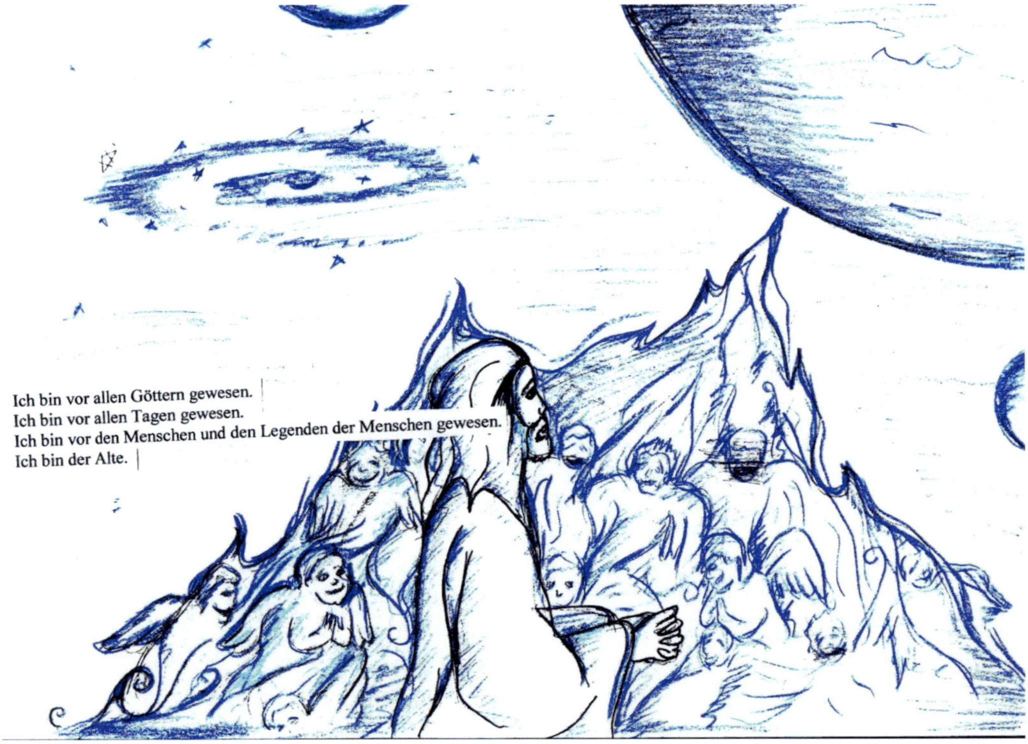

Das Opfer des verbleibenden Stillen Beobachters, während alle anderen Seelen zu Planet E aufsteigen

PLANETENHERRSCHER

Weil es niedrig entwickelte menschliche Wesen gibt, gibt es auch niedrig entwickelte Planetenherrscher und Planetenengel. Mit „niedrig entwickelt" meine ich jene Planetenherrscher, die ihren Globus bzw. Planeten kaum auf der Umlaufbahn halten können und das kosmische Gesetz zu stören versuchen durch Vorwegnahme eines Evolutionsprozesses und durch „Schöpfung" von Lebensformen, die man lieber unberührt bzw. unerschaffen[14] gelassen hätte. Verglichen mit uns hat ein Planetenengel tatsächlich

14 Viele unverantwortliche „Wissenschaftler" emanieren aus diesen Planetenherrschern

gottähnlichen Status. Wir erbten in oder als unsere physischen Körper eine Menge Unvollkommenheit von Jehova, dem Engel der Erde und früherem Engel des Mondes. Die Zauberer wussten um diese Unvollkommenheit und sie zogen daraus ihren Vorteil, indem sie Jehova verehrten und einen Gott aus fast endlos vielen Planetenherrschern oder spirituellen Mächten machten. Und Jehova (oder sollte ich sagen seine Bekleidung) mochten und mögen das. Er, Jehova, ist ein so genannter Nachahmungsgeist und sollte sich um seine Angelegenheiten als Mutter der Erde und unserer physischen Körper kümmern. Aber auf der anderen Seite sind wir es, die Jehova in Versuchung führen, indem wir ihn verehren! Denke immer daran: Was immer du verehrst, auch wenn es nicht existiert, das erschaffst du mit deinen Gedanken und deinem Glauben in ākāśa, von wo es dich kontaktieren wird... Außerdem: Ein wahrer Gott will niemals verehrt werden. Er will MÜNDIGE Wesen. Ein Gott, der Verehrung und Anbetung will, ist entweder von Menschen erfunden oder er hat ein Ego-Problem. Niedere Astralgeister sind für derartige „Probleme" bekannt...
Aber Jehova existiert! Und was haben sie aus ihm gemacht! Sie machten aus seinen niederen Bekleidungen ein Monster, beschmutzt mit dem Blut von Millionen Opfern, mit Unmengen menschlichen Blutes.

ERDE, SITZ DES MENSCHEN

Himmel: Blau, auch deshalb, weil das Sonnenlicht sich an der Atmosphäre bricht. Beispiel: Der Himmel des Merkur ist schwarz, sogar wenn die Sonne scheint oder während eines Merkurtages, denn der Merkur hat (fast) keine Atmosphäre (genau wie der Mond), die mit dem Magnetismus der Sonne interagieren könnte. Weitere Erklärungen werden folgen. Der Planet Erde wird durch Jehova und sechs Helfer-Devas in Rotation (um sich selbst und die Sonne) gehalten. Rotationserklärungen der physischen

Wissenschaft versagen da. OM. Ehre sei Jehova,[15] Geist der Erde (in seiner vierten Kette), einst rein und sachlich, dann (in seinem niedersten Aspekt) zu einem Nachahmungsgeist verändert, der die Forderung erhebt, der Höchste zu sein. Aber das war und ist hauptsächlich von denen verursacht, die ihn verehrten und ihm Opfer brachten...
Physisch, magnetisch und geistig ernährt sich die Erde selbst durch den Nordpol. Die Strömungen fließen zuerst durch den Nordpol und dann durch den Südpol[16]. Das und ein rotierender glühender Kern im Zentrum der Erde sind unter anderem die Ursachen für den Magnetismus der Erde.

Die Atmosphäre der Erde ist (bis in die Region des Mondes) mit „Gut“ und „Böse“ gefüllt, verkörperten (in ihren physischen Körpern) und körperlosen Geistern. Diejenigen, die ein Leben voller Sinnesfreude, Bösartigkeit, Gier und anderen negativen irdischen Verlangen gelebt haben und auch die, die durch Unfall oder Selbstmord von dieser Ebene abgeschnitten wurden, müssen (getrieben von ihrem eigenen Verlangen oder Willen) über den Orten schweben, wo sie ihr böses Leben in ihren physischen Körpern gelebt haben. Sie können weder in den Himmel noch in die Hölle, weil sie immer noch mit ihren Monaden (Âtma-Buddhi) oder höherem Selbst verbunden sind, wenn die Monade nicht bereits „weggebrochen“ ist. Getrieben von ihren irdischen Leidenschaften und Verlangen, die noch in ihren Astralkörpern aufbewahrt werden, klammern sie sich nun an ihre oder andere physischen Körper, um dieses Verlangen zu erfüllen.
Diese körperlosen Wesen sind die so genannten Pisachas oder Incubi. Es gibt keine astralen Hüllen oder Schalen, was bedeuten würde, dass ein Astralkörper der physischen Ebene, der den Kontakt zum Geist verloren hat, sich nun langsam auf der astralen Ebene zersetzt. Die gleiche Prozedur kann mit einem Mentalkörper auf der Mentalebene usw. passieren. Diese Pisachas oder Incubi sind noch mit ihrem Geist verbunden, dessen Kraft sie so töricht missbraucht haben. Aber wenn ihre normale Lebensspanne einmal vorbei ist, kann sich der Geist selbst von ihnen befreien und zum Devachan (Himmel oder höhere mentale Ebene) aufsteigen, während die Astralkörper (auch immer gefüllt mit niederer mentaler Materie) und Mentalkörper dann zur Hülle oder (in extremen Fällen) zum Schatten werden, wenn sie vom größten Teil des Verlangens

---

15 Der jüdische Jehova ist eine Kopie des phönizischen J-VA, geheimer Name für den Planetenengel oder Dhyān-Chohan der Sonne. Zuerst haben sie den Sonnenengel bewundert und verehrt, später die Sonne selbst, dann wurde ihre Verehrung sogar noch materialistischer und berührte die niedere Bekleidung des Engels der Erde, der nun der Jehova ist, den sie meinen. Aber, alles zusammengenommen, ist das Schwarze Magie.

16 Weshalb du dein Bett so stellen solltest, dass du mit dem Kopf Richtung Norden und mit den Füßen Richtung Süden liegst.

gesäubert sind[17]. Sie schweben dann weiter in astralen Regionen, verschwinden dann

Pisachas und Incubi

langsam. Wenn nicht, dann warten sie (die Hüllen) auf ihren Geist, damit er reinkarniert und klammern sich wieder an ihn (Jekyll und Hyde Syndrom), und auf diese Weise versuchen die Schatten und noch mehr die Hüllen, jeden zu verführen, der noch immer in seinem physischen Körper ist und noch vom gleichen Verlangen getrieben wird. Hüte dich vor den Pisachas und den Incubi. Sie sind Dämonen der Begierde, der Unersättlichkeit und des Geizes. Sie können sogar jemanden dazu anstiften Verbrechen zu begehen.

17 Deshalb beschäftigen sich spirituelle Seancen per Medium nur mit diesen Schatten und Hüllen. Sie können dir nichts sagen, was du nicht schon weißt, denn sie sind nur (und noch) Sklaven ihres Verlangens.

Wie kann man sie meiden? Werde Vegetarier, meide Alkohol, Nikotin und Drogen; pornografisches oder gewaltverherrlichendes Material solltest du weder sehen noch hören oder lesen. All das zieht diese Wesen an und ist der erste Schritt zu allem Übel. Bleib im Licht, sei rein, einfach und unschuldig und gebe, gebe, gebe. Dann haben diese Dämonen keine Macht über dich. Sie können im Licht nicht überleben. Ich meine nicht nur spirituelles Licht, ich meine auch sichtbares Licht. Depressive Menschen zum Beispiel bleiben gern in dunklen Räumen, aber es sind diese Dämonen, die ihnen das eingeben, denn im Tageslicht könnten sie die hohen Schwingungen nicht aushalten und müssten die Körper ihrer Opfer verlassen. Aber wenn ihre natürliche Zeitspanne einmal vorüber ist, verschwinden diese Dämonen im Planeten des Todes (dichter als der Planet Erde, besteht ausschließlich aus astraler Materie) und enden schließlich in der Vernichtung dieser besonderen Existenz, aber ihre Energie wird wieder absorbiert in das große Rad des Lebens. LIEBE ist ihr größter Feind. LIEBE ist die Antwort. OM.

DIE HITZE DER ERDE

Ein Drittel der Hitze der Erde wird von der Sonne empfangen, der Rest der Hitze kommt von der Erde selbst (vom Erdinneren) und wird von Reflexion verursacht. Reflexion wovon? Von magnetisch-meteorischem Staub, der die Erdatmosphäre umgibt. Das Sonnenlicht reflektiert auf diesen Staubmantel und verursacht so einen weiteren Überschuss an Hitze. Weil dieser meteorische Staubschild um die Erde von gasförmigen Teilchen, verursacht durch Verbrennungsmaschinen, chemische Produkte usw. verschmutzt und „verstärkt“ wird, kann die reflektierte Hitze diesen magnetischen Mantel um unseren Planeten nicht passieren, bleibt aufgestaut und verursacht einen Effekt der Überhitzung. Dieser gefährliche Effekt könnte leicht abgewendet werden, wenn wir damit beginnen würden, andere Energieformen zu erfinden und andere Maschinen zu entwickeln, um die Verbrennungsmaschinen zu ersetzen. Der magnetisch-meteorische Staubmantel um unseren Planeten ist auch hauptsächlich verantwortlich (als Wirkung, die Ursache sind Devas in Bewegung) für die Verteilung und Proportion von Land und Wasser auf unserem Planeten. Diese Verteilung von Land und Wasser wird verursacht von einer Anhäufung von magnetisch-meteorischem Staub über dem Gebiet, unter dem später Kontinente und Ozeane erscheinen. OM. Es gibt eine größere bzw. überwiegende Präsenz auf der nördlichen Hemisphäre (unseres Globus), die dann auch die nördliche Hemisphäre verursacht hat. Und weil die Konzentration des magnetisch-meteorischen Staubes auf der anderen Seite geringer war, befindet sich auf der südlichen Hemisphäre eine geringere Konzentration an Landmasse als auf der nördlichen Hemisphäre unseres Planeten Erde.
Das meiste dieses magnetisch-meteorischen Staubes gehört nicht einmal zu unserem Sonnensystem, sondern ist von einem anderen Universum, denn wir driften mit unserem Universum durch andere Universen und ziehen so magnetisch-meteorischen

Staub von diesen Universen an. Aber wir als Sonnensystem verlieren unsere Identität niemals bis hin zu Pralaya. Unser Erdglobus zum Beispiel sammelt magnetisch-meteorischen Staub um sich herum, und es sind genau diese Staubpartikel, welche (unter anderem) der Grund sind für den Magnetismus der Erde. Und dieser Magnetismus verursacht a) plötzliche Veränderungen der Temperatur (Hitze und Kälte) und b) Wind, Regen und Stürme. Es ist ein Segen, dass die „normale“ Wissenschaft nicht daran glaubt, andernfalls würden sie versuchen, die magnetischen und materiellen Bedingungen unseres Planeten zu beeinflussen, indem sie dessen magnetisch-meteorischen Staubschild manipulieren würden. Genug darüber. Aber ... der... Chohan beauftragt mich, eine WARNUNG hinzuzufügen. Wenn man versucht, den meteorischen Staubschild um unseren Planeten zu missbrauchen oder zu manipulieren, dann stört man nicht nur kosmisches Gesetz, sondern auch Teile des Körpers eines Engels. Magnetisch-meteorischer Staub ist genau wie Wind, Regen, Blitz und Donner (mit anderen Worten: unsere eigene Atmosphäre) nichts anderes als Wirkungen oder Ergüsse höherer Intelligenzen, Planetenherrscher, Karmaengel usw. Zum Beispiel sind eben Blitz und Donner genau die Art und Weise, wie zwei Element-Devas sich „unterhalten“ bzw. korrespondieren. Wie wir Menschen Wörter von uns geben, wenn wir uns unterhalten, so korrespondieren die Devas durch Blitz, Donner, Sturm, Regen, Erdbeben usw. Du möchtest mit diesen Gewalten nicht spielen, nicht wahr? Denn wenn du es tust, pusten sie dich weg von diesem Planeten, wie du ein Staubkörnchen vom Tisch wegpustest. Du kannst nichts für oder gegen diese Gewalten tun, du kannst nur mit ihnen arbeiten. OM. Wie kann man mit den Devas arbeiten? Indem man wieder rein wird, einfach und unschuldig, und *DAS BUCH DES LICHTS* studiert.
Ich darf etwas mehr über den meteorischen Staub sagen. Meteorischer Staub ist Sonnenstaub, denn Meteore sind das, was von der Sonne übrig ist beim Pralaya oder nach dem Zurückziehen eines Sonnenengels. Meteore sind deshalb „tote“ Sonnenmaterie, und genauso ist es mit ihrem Staub; deshalb sind Meteore Sonnenstaub und haben immer noch etwas eigene Hitze, die sie auf den Planeten, den sie umgeben, projizieren und reflektieren. Magnetisch-meteorischer Staub ist gerade und besonders im Zentrum oder Inneren unseres Planeten Erde konzentriert, welches einer der Gründe ist, warum eine Kompassnadel unter bestimmten Bedingungen nach unten in Richtung Zentrum der Erde zeigt.

DAS GEHEIMNIS DER BILDUNG VON LAND UND MEER AUF UNSEREM PLANETEN

Bedenke: Jeder Kontinent hat seinen Gegenpart im Himmel, nur dass ich mit „Himmel“ hier den bereits erwähnten magnetisch-meteorischen Staub hoch über der Oberfläche unseres Planeten meine. Aber dieser magnetisch-meteorische Staub ist nicht nur eine Kopie der Kontinente und Ozeane unter sich, er ist der Ursprung und Ursache der Kontinente, Ozeane und Meere. Oder: Über jedem unserer Kontinente und Ozeane gibt es noch einen Kontinent oder Ozean aus magnetisch-meteorischem Staub. Aber (oh, Mahā-Chohan, ich fühle Glückseligkeit), ich gehe sogar noch weiter. Jede Bewegung auf diesen Kontinenten über uns beeinflusst bzw. **verursacht** die Bewegungen unserer Kontinente und Ozeane hier unten, ist verantwortlich für Fluten und Landformationen... Und ich gehe sogar noch weiter! Die Kontinente und Ozeane aus magnetisch-meteorischem Staub waren **zuerst** da, und dann erschienen die Kontinente und Ozeane hier unten. Beachte auf der nächsten Seite die Intelligenz von Jehova, der, damals noch nicht verdorben von Schwarzer Magie, die Erde formte, nachdem er von der Mondkette auf die Erdkette übergesprungen war. Jehova projiziert ein sphärisches Hologramm von magnetisch-meteorischer Materie, was bedeutet, er bestimmt, dass einige seiner Mitbewohner umziehen, und die Kleidung für diese Mitbewohner ist magnetisch-meteorische Meterie. Oh Leser, es gibt nicht ein Atom im Weltraum, das nicht zur Kleidung eines Engels gehört. OM.

Das ist ein großes Geheimnis – und könnte zu Missbrauch durch Schwarze Magie führen, deshalb frage ich den Chohan um Erlaubnis fortzufahren. Indem wir die Struktur des magnetisch-meteorischen Staub-„Kontinents“ hoch über der Oberfläche der Erde verändern, würden wir auch den tatsächlichen Kontinent hier unten verändern (oder zerstören). Und das ist genau das, was im Moment passiert. Wir zerstören den magnetisch-meteorischen Staubschild da oben durch alle Arten von Umweltverschmutzung und Experimenten, und es erscheint uns als ein „Loch in der Ozonschicht“. Aber das ist nur die Wirkung, nicht die Ursache. OM.

„Danke Gott“ für den Nord- und Südpol unseres Planeten, denn das meiste des Missbrauchs dieses magnetischen Erdschildes unseres Planeten durch die Menschheit kann durch die zwei polaren Ventile ausgeglichen werden. Dann bebt der Globus, und wir erfahren das als Erdbeben.

Dieses Wissen um den meteorisch-magnetischen Staubschild führt zu der größten Sünde, die von den Atlantäern gleich zweimal begangen wurde: Das zweite Mal, dass sie „sündigten“, war um 800.000 v. Chr., das erste Mal war um 4.000.000 v. Chr. und das dritte Mal um 12.000 v. Chr. Was war passiert? Einige der schlimmsten atlantäischen Wissenschaftler versuchten, den magnetisch-meteorischen Staubschild des „zweiten Kontinents“, der die Erde umgibt, zu beeinflussen. Sie wählten zuerst ein magnetisches Original da oben, beeinflussten es (obwohl dieser Staubschild nicht der Astralkörper der Erde ist) und hofften, auf diese Art und Weise den Gegenpart, den Kontinenten selbst, zu zerstören. Aber sie beachteten die Ähnlichkeit zwischen einem menschlichen Astralkörper und dem magnetischen Staubschild dort oben nicht. Worin besteht diese Ähnlichkeit? Beide, der menschliche Astralkörper und der magnetische Staubschild, befinden sich in ständiger Bewegung um ihre physischen Körper. Als die Atlantäer die Struktur des magnetischen Staubschildes über sich erfolgreich beeinflussten bzw. zerstörten, zerbrach der Kontinent, aber der Schild verursachte durch dieBewegung um **ihren** Kontinent die gleiche, ja sogar noch schlimmere Reaktion für sie...

Das sei eine Warnung für all jene, die die Kräfte, die sie durch das Studium des *BUCHES DES LICHTS* erworben haben, missbrauchen wollen. Und was die Fähigkeit der Erde anbelangt, jeglichen Missbrauch der Wissenschaft durch die zwei Ventile (Nordpol und Südpol) auszugleichen: Unser Planet ernährt sich spirituell, psychisch, magnetisch und physisch durch den Nordpol, verdaut und scheidet alles aus durch den Südpol, was man wirklich mit dem menschlichen Körper und seinem Mund (Nordpol), dem After (Südpol) und seiner niedersten Chakra (Südpol) zwischen den Beinen vergleichen kann.

Nun „formt" und strukturiert Jehova von ca. 300.000.000 v. Chr. bis heute (21.Jhd.) in „sieben Schritten" einen Kontinent und Ozean nach dem anderen. Unten reagiert, auf Jehovas Aktion reflektierend, der halbverdichtete Planet der gasförmig-feststaubähnlichen Substanz auf den meteorischen Staub, der aufgewirbelt wird und beginnt, Kontinente und Ozeane usw. zu bilden. Das ist ein Prozess, der natürlich Millionen und Abermillionen von Jahren erfordert und nicht nur die „sieben Tage" der Bibel, die in Wirklichkeit „die sieben Schritte des Jehova" sind, während er die Erdoberfläche „formte" und in dem er den magnetisch-meteorischen Staub-Rotationsellipsoiden um die Erde herum als reflektierende Form nutzte. Während dieser 300.000.000 Jahre kam es dazu, dass Kontinente, Rassen und Kulturen aufstiegen und wieder sanken. Der erste meteorische Staubkontinent (der den Nordpol verursacht hat) dreht sich periodisch um den Nordpol, und zwar in einem Zyklus (jetzt im 21. Jhd.) von mehreren hundert Jahren. Eine Verschiebung findet jetzt (21. Jhd.) statt. Der größte Teil der Hitze der Erde (und tatsächlich auch die Hitze von fast jedem Planeten) kommt nicht von der Sonne, sondern von der Erde (oder dem Planeten) selbst oder vom magnetischen und elektrischen Zusammenspiel zwischen der Erde und ihren meteorischen Staubkontinenten. Sieben magnetische Staubkontinente, projiziert von Jehova, verursachen sieben Hauptkontinente (erst astral, dann dicht). Diese sieben Hauptkontinente verändern Struktur und Anzahl durch Hunderte von Millionen von Jahren, indem sie in ihrer Bewegung und Erscheinung den meteorischen Prototypen über ihnen folgen. Dies wiederum führt zu einer Klimaveränderung. Diese kann kein Mensch und kein Gott verhindern. Darum gibt es eben KEINE von Menschen verursachte Klimaänderung. Das Klima ändert sich von selbst. OM.

Unser Planet Erde hat jetzt (21.Jhd.) eine Neigung von 23,5 Grad, aber es gab und wird mehrere Veränderungen der Achse geben... in Richtung Polarstern, denn der Polarstern ist die sichtbare Manifestation des unsichtbaren, abstrakten Zuhause von Jehova, dem Geist der Erde. Die Erde wurde auch von Saturn geformt, der Jehova half.

OM an Jehova, dem Engel der Erde. Er (der Engel) ist der wahre Auserwählte (wegen seines Hauses (Planet)), wo all die anderen Kräfte der Engel und Planetenherrscher gereinigt werden müssen von ihren negativen Aspekten und wo sie in glorreiche Göttlichkeit verwandelt werden. OM. Und OM der künftigen Rasse, alle zusammen Bewahrer der Flamme, egal, wie tief sie fallen.

SATAN

SATAN oder SAT-AN bedeutet „der Widersacher", denn MATERIE (Satan) steht im Gegensatz zu Geist (Gott). Bei jedem Wiedererwachen allen universellen Lebens emaniert Brahman oder der Wurzel-Geist „aus" dem EWIG-UNBEKANNTEN bzw. PARABRAHMAN-NIRVĀNA. Oder: Der Sohn verlässt den Vater und taucht ein in das materielle Universum mit allem darin, sei es Stein, Pflanze, Tier, Mensch oder Gott. So gesehen sind wir alle in unserer materiellen Erscheinung KINDER SATANS, denn SATAN ist dieser Teil des Geistes, der Materie wurde oder der in der Materie gekreuzigt wurde oder entgegengesetzt zu SATAN oder SAT-AN, eben einfach der materielle (regelmäßig reinkarnierende) Teil des Geistes. Hermes, aber auch die Kabbala, stellt klar, wer Satan wirklich ist. „Und am siebenten Tag (von Brahmā!) und beim Erscheinen der Erde und ihrer Planetenkette, da trat ein mächtiger Engel (Brahmā) voller Zorn und Ehrgeiz vor das Angesicht Gottes (Parabrahman) und Gott gab ihm die Herrschaft über die äußere Sphäre, nämlich unser sichtbares Universum im Allgemeinen und über eine der niedersten Emanationen von Brahmā-Jehova-Erde im besonderen." „Unter den Göttern ist KEINER, der ihm ähnlich ist (natürlich nicht, Brahman emanierte zuerst, war also der ERSTGEBORENE; die Sieben Strahlen kamen später), in dessen Hände die Reiche, die Macht und die ganze Pracht der Welten gelegt wird." Mit anderen Worten: Der „Gott", der von der Kirche angebetet wird, ist niemand anders als SAT-AN oder SATAN selbst, der Erstgeborene und Herrscher über das Universum, in seiner Emanation von Brahmā; maskulin „der Herrscher" oder sonst das höhere Selbst unseres Sonnensystems und in seinem niedersten Aspekt Jehova, Engel der Erde und eine seiner Sub-Emanationen des Stammesgottes der Hebräer. Deshalb: „Throne und Reiche, die Dynastien der Könige, der Fall der Nationen, die Geburt der Kirchen, der Triumph der Zeit." „DER TEUFEL[18] DER KIRCHE EXISTIERT AUF KEINE ANDERE ART ALS IN DER VORSTELLUNG DES KLERUS." LANOO

Mehr über Satan, Sohn Gottes

An wen richten wir uns, wenn wir beten: „Führe uns nicht in Versuchung"? Meinen wir Gott? Ich denke nicht, denn in Jakobus, 1, 13, lesen wir: „...Gott kann nicht zu Bösem verleitet bzw. in Versuchung geführt werden, genauso wenig kann er einen Menschen in Versuchung führen." Was ist eigentlich die Definition der Kirche für „Versuchung"? Es gibt zwei Definitionen: 1. „Jene Not, Bedrängnis oder Schwierigkeiten, womit Gott die Menschen versucht" und 2. „Jene Mittel und Verlockungen, von denen der Teufel Gebrauch macht, um die Menschheit zu umgarnen und zu locken". Der esoterische Schlüssel zu diesem scheinbaren Widerspruch ist dieser: Geist und Materie sind EINS, aber gleichzeitig auch dual, weil für immer vereint und untrennbar. Materie jedoch ist der Widersacher oder Satan oder Satan des Geistes, was den ewigen

18 Nenne ihn Elemental-Wesen, und du kommst der Wahrheit näher.

Kampf zwischen den beiden für 311.040.000.000.000 Jahre kosmischer Aktivität erklärt. Wer gewinnt? Keiner, denn sie werden zusammen beim „großen Schrumpfen" wieder in das Ewig-Unerklärbare absorbiert, um wieder zu Aktivität zu erwachen, aber diesmal höher im Bewusstsein, denn sie entwickelten sich einen Schritt weiter in Richtung Perfektion von Parabrahman, was aber NIEMALS erreicht werden wird, was Geist und Materie dazu veranlasst, es wieder und wieder zu versuchen und sich wieder und wieder zu manifestieren, „seit" der Ewigkeit in die Ewigkeit ohne Anfang oder Ende, aus der Zeitlosigkeit in die Zeit. OM. Das Missverständnis bezüglich der Tatsache, wer der Gott ist und wer der Teufel, kommt aus der Religion, welche im Laufe der Zeit per Definition diese zwei (in Wahrheit UNTRENNBAREN) Kräfte trennte und somit all das Leid auf der Welt verursachte. Sie spielten mit deinem Geist, um dich erst zu verwirren und dann zu beherrschen. Deshalb: Wenn sie in ihren Kirchen beten „Und führe uns nicht in Versuchung", beten sie tatsächlich den Widersacher oder Satan oder den Erstgeborenen oder Luzifer oder den Teufel an. Sie beten in ihren Zeremonien den Teufel an! Sie bitten den Teufel, sie nicht in Versuchung zu führen, wie es in Gen., Jakobus 1, 13 eindeutig gesagt wird: „Lass keinen Menschen, der in Versuchung geführt wurde, sagen, er sei von Gott ihn Versuchung geführt, denn Gott kann nicht in Versuchung geführt werden, genauso wenig kann er jemanden in Versuchung führen." Ist das nicht deutlich? Wenn Juden, Christien, Mormonen, Buddhisten, Moslems usw. nur ihre eigenen Schriften lesen und ihrer Bedeutung folgen würden und wenn sie ihre wahre Bedeutung verstehen würden, dann würden sie erkennen, dass all diese Schriften nichts anderes sind als verfälschte Versionen ihrer MUTTERSCHRIFT, welche das *BUCH DES LICHTS* ist, Buch der Bücher und Retter der Menschheit. OM.

DAS WAS ALLES ZUSAMMEN HÄLT

Was ist das, das die Atome und Moleküle eines physischen Körpers zusammenhält? Warum fliegen sie nicht in alle Richtungen? Was hält die gleichgeladenen Protonen des Atomkerns zusammen? Warum explodiert das Atom gegenseitig nicht? KEIN WISSENSCHAFTLER kann diese Frage befriedigend beantworten. Von der „Kernkraft- oder Bindungsenergie-Erklärung" bis zu den „Quarks" und „Pufferneutronen", alles unbefriedigend. Ganz Kühne behaupten sogar, man müsse zwei gleich geladene Teilchen nur fest genug zusammenpressen, dann „kleben sie aneinander". Alles reine Vermutung. Was hält zum Beispiel unseren Globus zusammen? Alle Planeten in unserem Sonnensystem schweben in einem Vakuum, Universum genannt. Warum explodieren sie nicht einfach (einschließlich ihrer Atmosphäre) in den Weltraum, um von diesem (tatsächlich!) riesigen „Staubsauger" aufgesogen zu werden? Ein Vakuum hat die Fähigkeit bzw. Besonderheit, buchstäblich alles zu schlucken. Warum zerstört das riesige kosmische Vakuum nicht das sichtbare Universum? Pumpe Luft in ein Vakuum, und die Luft wird sich gleichmäßig über das ganze Vakuum verteilen und es auf diese Art und Weise ausfüllen. Warum wird die Luft, die wir atmen, nicht von dem kosmischen Vakuum, das uns umgibt, aufgesogen? Was hält uns und unseren Planeten bzw. unsere Planeten zusammen? MONADEN[19], Monaden halten uns zusammen. Kraftzentren, duale spirituelle Kraftzentren, die nicht nur auf jeder kosmischen Ebene existieren und die Formen verursachen, sondern die auch diese Ebene und ihre Formen SIND oder sogar ohne Form (Arūpa) sind. OM. Aber was immer die Monaden auch verursachen, sie sind immer höher als die Ebene, die sie verursachen. Zum Beispiel: Die physische Monade ist auf einer anderen Ebene als die physischen Formen, die sie (die Monade) verursacht. Und so weiter, das trifft auch auf die ätherische, astrale sowie mentale Monade und höhere zu. Du siehst nun, warum der Geist in allem ist, sogar in der Materie, denn physische atomare Materie wird von einer Monade verursacht, die Âtma-Buddhi ist oder ein spiritueller Kraftstrahl auf ihrer nämlich physischen Ebene oder ihres entsprechenden Bewusstseinszustandes. Deshalb: Eine zum Beispiel materialistische Person befindet sich auf der niedrigsten geistigen Ebene bzw. hat den entsprechenden Bewusstseinszustand. Warum muss das so sein? Weil alles vom Geist aufgezeichnet und registriert werden muss, um durch Karma ausgelebt zu werden. Von diesem Standpunkt aus gibt es nichts als Geist, wenn auch auf verschiedenen Bewusstseinsebenen, die von der noch schlummernden Monade im physischen Atom bis zur erwachten und voll bewussten Monade, die im spirituellen Atom lebt, reichen. Aber weil der Geist (oder vielmehr sein Kern) IST, kann er genauso gut Materie genannt werden, wenn auch nicht-atomare Materie, denn die wahre Bedeutung von Materie ist Mater oder Mutter, kosmische Mutter. OM. Aber was war dieses spirituelle Atom am Beginn seiner Reise, nachdem es alle anderen kosmischen Ebenen passiert hatte? Ein physisches Atom im physischen Reich natürlich. Ich meine hier nicht, dass sich die Reiche untereinander vermischen, denn sie tun es wirklich nicht.

Sie sind getrennt, aber sie überlappen sich wie die Runden und Rassen. Aber es gab und es muss eine Zeit gegeben haben, vor endlos vielen Millionen von Jahren, als die Monaden bei der „Schöpfung" der sieben mal sieben kosmischen Ebenen oder Reiche vom spirituell schlummernden Bewusstsein, das die niederen Reiche ausmacht, überging zum spirituell-erwachten Zustand, und auf diese Art und Weise die höchste Arūpa bzw. das formlose Reich repräsentiert, bildet bzw. verursacht. Und nun, da die Reiche in jedem Mahā-Manvantara neu erwachen, sind die Monaden, indem sie vom niedersten siebenfältigen Reich zum Höchsten aufsteigen, die Ursache von (und erfahren sie zur gleichen Zeit) Stein, Pflanze, Tier, Mensch und schließlich Gott, jeder davon sein eigenes Reich.

Zurück zu den Monaden als vereinende Kraft. Es gibt eine unüberwindliche Barriere

---

19 Und ein Magnet im INNEREN der Erde, der das elektrische oder elektromagnetische Feld der Erde verursacht, indem er schneller rotiert als die äußere und dichtere Hülle der Erde. Der rotierende Magnet ist natürlich ein Magma-Kern. Und das ganze Sonnensystem wird in Umlauf gehalten über den großen Magneten, Sonne genannt. Es gibt keine Schwerkraft wie von Newton definiert. OM.

zwischen Monade und dem physischen, ätherischen, astralen, mentalen, buddhischen und sogar atomaren „Atom“. Was trennt zum Beispiel unsere atomaren[20] Atome von der Monade, die sie verursacht? Diese Supermonade ist Brahman und seine Hülle ist pradhana[21]. OM. Die Monade ist immer Âtma-Buddhi. Aber was „erschafft“ die Form? DENKEN oder Mahat oder der universelle Geist, der der Verbindung zwischen Âtma-Buddhi und dem niederen Viertel[22] innewohnt, erschafft oder verursacht die Form. Diese Verbindung ist unser Manas oder Geist, der wahre Retter, den du nur „fallen lassen“ kannst, nachdem du ihn erobert hast. Das Denken resultiert in physischer Form. Du kannst „dich tatsächlich denken“, wer du bist bzw. wie deine physische Erscheinung sein sollte. Aber ich sage, tu es nicht. Denn was du sein möchtest, ist möglicherweise nicht identisch mit dem, wozu du bestimmt bist. Deshalb solltest du dich führen lassen, das ist alles, worauf es ankommt. Mahat oder der universelle Geist beinhaltet einen besonderen Plan für uns alle. Und dieser Plan kann nur realisiert werden, indem man denkt: Euer Wille und nicht meiner. So halten die Monaden den Körper zusammen, aber das Denken, sei es dein Denken (Manas) oder der universelle Geist (Mahat) fügt die Form hinzu. Euer Wille und nicht meiner. Indem du das Gesetz studierst, wirst du früher oder später zu dieser Lösung bzw. Schlussfolgerung kommen. Schwimme nicht gegen den mächtigen kosmischen Strom des Lebens, es erspart dir eine Menge Leiden... Noch zwei Dinge sollte man beachten: 1. Es ist das physische Atom, welches von der letzten Inkarnation überlebt, sich wieder in der Erde auflöst und in der Luft verdunstet. 2. Die meisten der verdunsteten, ätherialisierten Atome kehren bei der nächsten Inkarnation wie Raketen zur Monade zurück. Wir können auch sagen, dass die Karma-Devas die Äther-Elementale um die Skandhas[23] von der vorhergehenden Inkarnation herum anordnen. Und dieses Äther-Elementale, das in einer puppenähnlichen Form über dem Körper des Babys schwebt, ist das Muster für den Fötus während der gesamten Schwangerschaftsperiode. Aber die „Schöpfer“ des Verlangens-Aspekts in unseren physischen, astralen und mentalen Körpern sind die Skandhas, die „überlebenden positiven und negativen Prinzipien“ vom vorhergehenden Leben, die sich in dem Moment, in dem die Monade herabsteigt, an diese klammern. So werden also all unsere verschiedenen Körper von Monaden zusammengehalten, sei es von physischen, ätherischen, astralen oder spirituellen Monaden. Nichts, sei es Form (rūpa) oder formlos (arūpa) kann sein Wesen ohne Monaden aufrecht erhalten. Und wodurch werden die Monaden selbst zusammengehalten? Von der Supermonade, welche eine Dreieinigkeit ist, und eins oder

20 Atomar bedeutet spiritueller Plan (Entwurf) eines Atoms.

21 Oder nenne sie Mūlaprakriti in ihrem ersten Aspekt, vielleicht sogar bevor sie sich zu Prakriti oder Materie verändern.

22 Das Astro-physische oder sthūla, Prāna, Linga, Kāma.

23 Lebensflüssigkeit von Âtma, dem Geist, manifestiert sich in den physischeren Reichen und gibt dem Menschen seine vitale Energie.

BRAHMAN OM.

„SCHWERKRAFT“

Einer der esoterischen Gründe für Anziehungskraft oder „Schwerkraft“ sind die Monaden bzw. monadische Kohäsion. Selbst eine außenstehende oder exoterische Erklärung wäre so einfach zu verstehen, dass ich erstaunt bin, warum die Wissenschaft die Antwort noch nicht selbst gefunden hat.
Alle Planeten im Universum sind elektromagnetisch gleich aufgeladen und stoßen sich folglich ab. Dieses Gesetz gilt für den Atomkern eben nicht, denn das Verlangensmoment der Monade ist dort ein anderes. Monadische Kohäsion (das, was alles zusammenhält...) verhindert, dass sie in alle Richtungen von einander weg fliegen. Diese Tatsache wird zum Beispiel dadurch bewiesen, dass der Mond und die Erde beide negativ geladen sind oder vielmehr beide einen negativ geladenen oberen Teil der Ionosphäre und einen positiv geladenen unteren Teil haben, was alle Arten von Problemen auslöst, wenn sie (Mond und Erde) sich zu nahe kommen...
Noch einmal: Sie sind beide gleich geladen, sogar als dichte Planeten, ihre Ionosphären nicht gezählt. So, oh Lanoo, gibt es also keine Schwerkraft, sondern nur elektromagnetische Bedingungen, die uns als „Schwerkraft“ erscheinen. Und all das wird nicht durch „tote Materie“ verursacht, sondern ist das sichtbare Ergebnis der Macht eines Planetenengels.
Für diejenigen, denen diese Analyse des Begriffs Schwerkraft noch zu monadisch oder ätherisch ist, gibt es hier nun eine weniger esoterische, aber trotzdem richtige Antwort auf die Frage: **Warum existiert Schwerkraft wie von der Wissenschaft definiert nicht?** Der größte Fehler der Wissenschaft ist zu denken, dass es zum Beispiel in zwei Massen, die sich anziehen, eine innewohnende Kraft gibt. Welche Kraft? Irgend ein geheimer Bindekraft-„Klebstoff“? Wenn die Wissenschaft in dieser Theorie irrt, warum werden wir dann nicht alle in den Weltraum katapultiert? Was hält uns auf diesem Planeten?
Die exoterische Antwort ist: Die Erde ist ein riesiger Magnet, und wir sind Teilchen der Materie, die durch diesen Magneten angezogen werden. Woher kommt die magnetische Kraft? Die exoterische Erklärung lautet: Aus dem Erdinneren. Der magnetisch-feurige Kern im Inneren unseres Planeten rotiert schneller als die dichtere äußere Hülle. Durch Reibung oder Induktion zwischen dem schneller rotierenden Kern der Erde und der langsamer rotierenden Oberfläche entsteht ein elektromagnetisches Feld. Und es ist das auf diese Art entstehende elektromagnetische Feld, das alles andere magnetisiert und es so auf diesem Planeten hält. Deshalb werden wir, unsere Städte, Bäume, Berge, Flüsse und Ozeane nicht in den Weltraum katapultiert. Wir sind alle kleine Magneten, gefangen bzw. angezogen von einem riesigen Magneten, Erde genannt! Planeten mit keiner oder nur einer geringen Schwerkraft haben keinen feurigen rotierenden Kern mehr, der (wie ein riesiger Dynamo) Elektrizität und so also An-

ziehungskraft hervorbringt. ANZIEHUNGSKRAFT, aber nicht, wie Newton behauptet, Schwerkraft oder: Die „Schwerkraft" eines Newton ist nichts anderes als elektromagnetische Anziehungskraft. Materie selbst besitzt weder die Fähigkeit, andere Materie anzuziehen noch die Fähigkeit, sie abzustoßen. OM. Das ist alles, das ist die exoterische Erklärung für Anziehungskraft und Abstoßung, sei es in einer Verbindung oder zwischen Planeten und ihren Lebensformen: Elektromagnetische Kraft. Ein Zehnjähriger kann das verstehen. Warum kann es ein Nobelpreisträger nicht? Und es ist die WISSENSCHAFT, es sind die POLITIKER und wir, die die elektromagnetische Kraft der Erde zerstören, diesen riesigen Magneten, von dem wir kleinen Magneten angezogen werden. Woher bekommen wir noch unseren Magnetismus, der uns sogar physisch in Verbindung bringt? Durch rotierende Elektromagnete oder kleine Dynamos überall im menschlichen Körper und durch Nahrung. Die kleinen Dynamos oder rotierenden elektromagnetischen Räder werden Chakren genannt. Aber was veranlasst die Planeten unseres Sonnensystems dazu, sich immer weiter um die Sonne zu drehen? – Es ist die Sonne selbst, denn die Sonne ist der größte und stärkste Magnet in seinem System und zieht alle anderen Magneten oder Planeten in Richtung seines (der Sonne) Zentrums. Warum fallen wir dann nicht in die Sonne? Wegen der „Materie abstoßenden und sich selbst anziehenden Natur" des Äthers und auch deshalb, weil die Engel, die ihre Planeten regieren, monadische Kohäsion und Anziehungskraft kontrollieren. Nun verstehen wir, warum es kein (physisches) Leben und (fast) keine „Schwerkraft" und fast keine Atmosphäre auf dem Mond gibt. Das ist so, weil es keinen Magneten im Mond gibt oder keinen Magma-Feuerkern, der schneller rotiert als die Oberfläche und so ein elektromagnetisches Feld schafft. Und so ist es auch mit jedem anderen toten Planeten oder mit einem in Dunkelheit[24] Befindlichen, was bedeutet, dass das ein „schlummernder" Magnet ist, bereit zu erwachen, wenn seine Zeit gekommen ist. Mit anderen Worten: Materie selbst zieht andere Materie nicht an, aber elektromagnetisierte Materie zieht andere elektromagnetisierte Materie sehr wohl an bzw. stößt sie ab. Schwerkraft existiert nicht, elektromagnetisierte Materie zieht elektromagnetisierte Materie an. Schwerkraft existiert nicht, aber Magnetismus existiert sehr wohl. Eine feststehende Tatsache ist, dass es in unserer Welt der Illusion oder vergänglichen Manifestation nichts anderes gibt als kosmischen Elektromagnetismus (Anziehung und Abstoßung, Liebe und Hass usw.). Schwerkraft oder Gravitation hat keinen Platz in dieser und anderen Welten, ausgenommen in der Vorstellungskraft eines Newton, Einstein oder anderer. Wahre Schwerkraft wird esoterisch verursacht, und zwar von dem Verlangen aller Materie, zu ihrer ursprünglichen Quelle, die sie irgendwann verlassen hatte, zurückzukehren. Da diese Quelle im Zentrum von allem ist, wird jegliche Materie vom Zentrum und in Richtung Zentrum angezogen und verursacht so eine individuelle Form, sei es die eines Planeten oder die eines Menschen. Der Grund dafür, weshalb ein Planet eine Form wie eine Sphäre oder ein Glo-

24 Ruheperiode zwischen den globalen Runden.

bus hat, besteht unter anderem darin, dass das höchste Selbst eines Wesens sphärisch oder globular ist. Der Planetenengel, dessen Körper ein Planet ist, ist diesem höheren Selbstbewusstsein näher als zum Beispiel ein menschliches Wesen. Das ist jedoch nicht notwendigerweise immer der Fall.

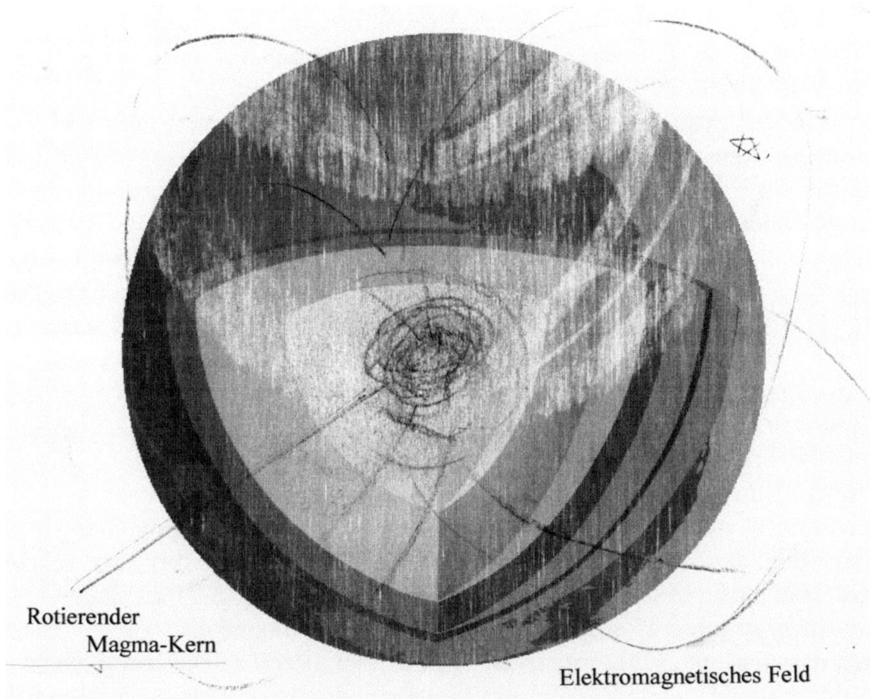

Querschnitt durch die Erde mit rotierendem Kern, der elektromagnetische Wellen verursacht und alles auf der Erde in Richtung seines Zentrums anzieht

DIE NATUR DER MONADEN, DIE ÜBER DREIEINHALB RUNDEN AUF UNSERER ERDKETTE ERSCHEINEN

Die Monaden der ersten Klasse oder lunare Pitris steigen in der ersten Runde auf zu Globus A der Erdkette, wo sie menschliche Form erreichen, wenn man diese ätherische, dünne, rudimentäre Form[25] überhaupt „menschlich" nennen kann. Während des Aufsteigens auf alle Globen der Kette erfahren diese LUNAREN GÖTTER das (wenn auch noch ätherische) Mineral-, Pflanzen- und Tierreich. Noch einmal: Die lunaren

25 Dennoch ist es ihre Form, die sich später zu den Körpern der meisten von uns entwickelt.

Götter[26], ätherische Menschen auf Globus A, steigen weiter auf alle anderen Globen der Kette und werden zu einem ätherischen Mineral, dann zu einer ätherischen Pflanze und schließlich zu einem ätherischen Tier. Diese drei Stufen einer Entwicklung werden vereint im

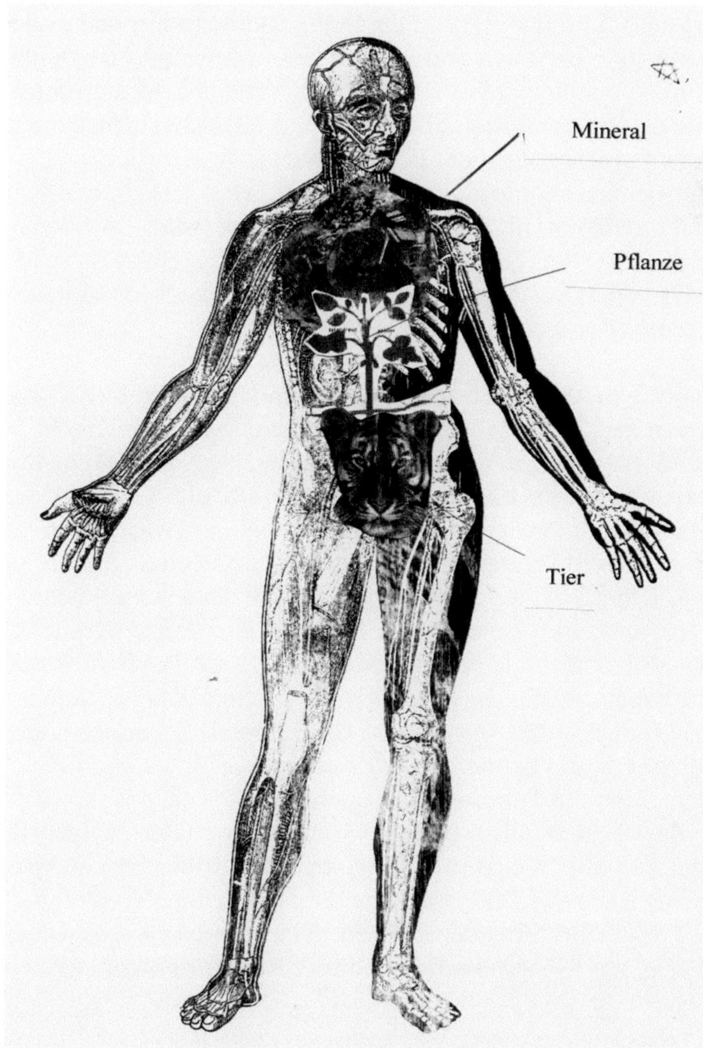

MENSCHLICHEN KÖRPER VON HEUTE (21. JHD.)

26 Obwohl sie in ihrem höchsten Aspekt (Monade) wie wir alle sind, verbunden mit der Sonne.

Blavatsky: „Die Monade muss durch ihre Mineral-[27], Pflanzen- und Tierform, bevor das Licht der Logos im tierischen Menschen erweckt wird".
Diese drei Zustände werden, ja sie müssen von jedem von uns erfahren werden, wenn oder bevor wir geboren werden. Der menschliche Embryo erreicht Stein-, Pflanzen-, Tier- und schließlich Menschenform. Die Monaden erster Klasse (so genannt, weil sie zuerst erscheinen) führen von da an durch die Runden zwei und drei zu Menschentum. Oder: Jede Monade, die nach den Erste-Klasse-Monaden oder lunaren Pitris kommt, muss sich durch sie entwickeln, wie wir uns durch den Mutterschoß entwickeln müssen. OM. Sie, die lunaren Pitris, blieben bei uns, und sie sind es, die uns zu Beginn der fünften Runde ihre Körper gaben. Dann zogen sie sich zurück ins NIRVĀNA[28]. Wenn du sie Götter nennen möchtest, weil unsere Körper tatsächlich nach ihrem Bild gemacht sind, so steht es dir frei, das zu tun. Aber wenn du bereits diese ätherische Form, die nun deine ist, Gott nennen willst, wie bezeichnest du dann die Schöpfer deines Geistes, oder, noch höher, was ist dann eine Monade für dich, ein Mahā-Chohan, Brahma oder sogar Brahman selbst?

Wer sind diejenigen, denen die Monaden der ersten Klasse ihre Körper gaben? Es sind die meisten von uns, der sogenannten Monaden der zweiten Klasse, weil sie als zweite kamen. OM. Wir wurden in der zweiten Runde „menschlich", denn das war der Zeitpunkt, als wir erschienen bzw. herunterkamen auf die Kette: In der zweiten Runde, aber davor gab es eine erste Runde. Diese Runde ist (wie jede andere) in sich selbst siebenfältig. Die ACHTE Periode begann mit der zweiten Runde, und nun verstehen wir die Bibel, Kapitel II, wo gesagt wird, der Mensch sei am achten Tage erschaffen worden. Wenn ich „wir" sage, meine ich nicht die ganze Menschheit, aber alle, die spirituell erwacht sind und mit Sicherheit jene, die das *BUCH DES LICHTS* lesen bzw. gelesen haben. Nach den Monaden der zweiten Klasse kamen andere, die durch die lunaren Pitris verändert wurden und das Mineral-, Pflanzen-, Tier- und schließlich Menschenreich erfahren haben. Die Rasse war da, aber es konnte nicht mehr jeder das Ziel erreichen, denn die Tür zum Menschenreich ist verschlossen seit dem Mittelpunkt der vierten Runde, was um 9.000.000 v. Chr. war. Der „Pilger" bzw. die Monade klopfte an die Tür, aber niemand öffnete, denn der Pilger kam zu spät. Deshalb nennen wir die Monaden, die das Ziel nicht erreicht haben, die „Nachzügler". Man könnte sie auch zurückgebliebene Monaden nennen. Die meisten dieser Monaden werden nicht in der Lage sein, das Menschenreich in dieser Runde zu betreten oder nicht einmal auf

---

27 Minerale leben aufgrund ihres Verlangenspotenzials länger als Pflanzen, Tiere und Menschen. Aber am Ende einer jeden Runde „sterben" sogar Steine, und die Monade kann nach Pralaya (oder besser der Finsternis) einen Schritt höher ins Pflanzenreich aufsteigen oder sie muss noch einmal ins Mineralreich aufsteigen.

28 Aber es gibt jemanden, der uns nie verlassen wird, und sein Name ist: „Der Alte der Tage".

dieser Kette, sondern sie werden entweder bis zur siebenten Runde dieser Kette oder bis zur ersten Runde der nächsten Kette warten müssen. OM. An diesem Punkt halte ich es für außerordentlich wichtig, die wahre Natur einer Monade noch einmal zu analysieren. Sogar Theosophen haben manchmal ein falsches Verständnis davon, was eine Monade tatsächlich ist. Der beste Weg, eine Monade zu erklären, besteht darin, zu erklären, was eine Monade nicht ist. Die Monade selbst ist weder ein Stein noch eine Pflanze noch ein Tier noch ein Mensch. Die Monade ist die Ursache von all dem. Mineral, Pflanze, Tier und Mensch sind Etappen, die die Monade hinter sich lassen muss, wenn ihre Reflexion das Mineral-, Pflanzen-, Tier- und Menschenreich berührt. Deshalb kann die Monade nicht fortschreiten bzw. sich „entwickeln", sie wird nicht einmal beeinflusst durch die Veränderungen (Stein, Pflanze, Tier, Mensch), die sie verursacht. Diese Etappen sind einfach Möglichkeiten der Monade, sich auszudrücken oder das zu entwickeln, was schon in ihr selbst begründet liegt bzw. Teil ihrer Natur ist. Wir nennen das Wesen (Essenz; Substanz) oder wesentliches (essentielles) Charakteristikum, Svabhāva der Monade. Manchmal entfaltet bzw. entwickelt die Monade einen Stein, manchmal eine Pflanze, manchmal ein Tier und schließlich einen Menschen. Das hängt alles davon ab, welches Reich zu dieser Zeit von der Monade berührt oder reflektiert wird. Und je öfter die Monade ein Reich berührt, desto mehr entfaltet sie (die Monade), was ihr schon immer als Verlangen innewohnte, und dieser individuelle Unterschied für die Manifestation verursacht fast endlos viele Variationen in allen Reichen, was die fast endlos vielen Variationen der Arten und Lebensformen auf der Erde erklärt, und keine dieser Entwicklungen oder Variationen sind jemals die gleichen. Die Natur wiederholt sich niemals! Sie wiederholt sich insofern, als dass ein Mensch immer einen Menschen produziert und eine Blume immer eine Blume, aber es ist niemals der gleiche Mensch und niemals die gleiche Blume...

Aber niemand könnte besser erklären, was eine Monade wirklich ist als Helena Petrovna Blavatsky selbst: „Sie" (die Monade) „ist nicht von dieser Welt oder Ebene und kann nur mit einem unzerstörbaren Stern göttlichen Lichts und Feuers verglichen werden, niedergeworfen auf unsere Erde als Rettungsanker für die Persönlichkeiten, denen sie innewohnt. Er ist dafür gedacht, dass sie sich daran festhalten können".
Ende Zitat.

Und wenn du dich nicht allmählich zu diesem Gott in dir entwickelst, wird dieser Gott oder diese Monade früher oder später das Interesse an dir verlieren...

INTENSIVIERUNG DER LEHRE VON DEN KETTEN UND RUNDEN

Sieh, das ist höchste Weisheit und höchstes Wissen und kann nicht oft genug wiederholt werden. Das Abstrakte und Unsichtbare ist die Ursache des Sichtbaren. Deshalb ist jeder sichtbare Globus, Planet oder jede sichtbare Sonne nur eine Wirkung abstrakter und für uns jetzt nicht sichtbarer Globen. Jeder sichtbare Globus hat sechs unsichtbare Globen[29], die ihn umgeben wie zum Beispiel unsere Erde.

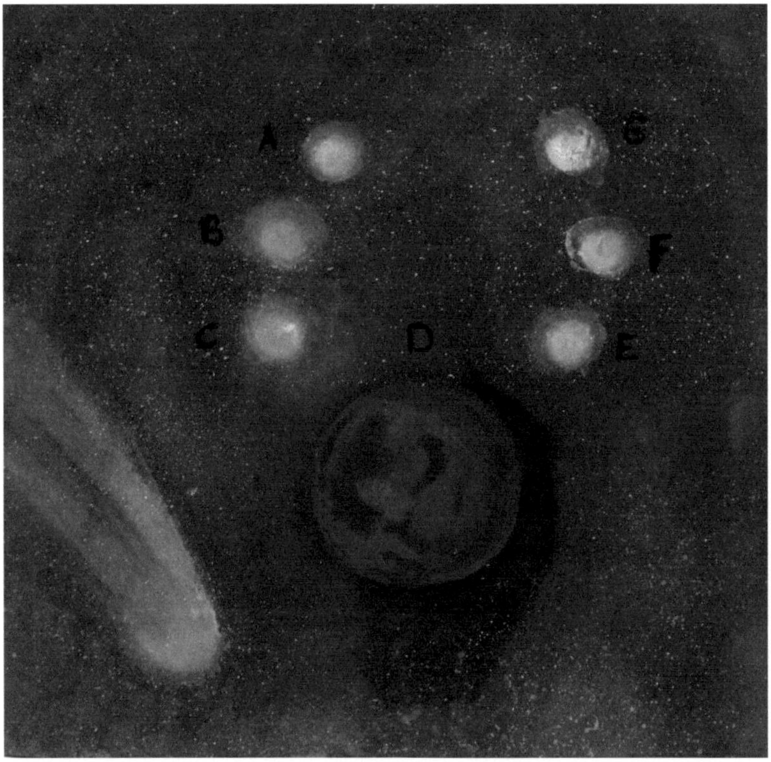

Alle Geist-Seelen steigen alle Reiche hindurch auf alle Globen von A-G, was eine Runde ist. Nach sieben Runden ziehen sich die Geister nach NIRVĀNA[30] zurück und die Kette verschwindet, projiziert jedoch ihre Lebenskraft auf ein neues Zentrum, um welches sich eine neue Kette entwickelt. OM.

29 Die alten esoterischen Philosophen wussten es schon. Deshalb sprachen sie von einem Planeten als Konstellation oder astronomisch von einer Gruppe. Sie meinten die sechs unsichtbaren Globen der Kette, die zu jedem sichtbaren Planeten gehören.

30 Während dieser sieben Runden gibt es kleinere oder größere Perioden der Ruhe bzw. Pralayas.

In Wirklichkeit gibt es sogar noch fünf höhere Globen, was eine Kette von 12 Globen entstehen lässt, aber im Moment werde ich nur siebenfältige Ketten besprechen. Alle Globen der Kette sind miteinander verschmolzen und werden des besseren Verständnisses wegen nur in der Illustration getrennt.
Unser esoterisches Sonnensystem enthält die Sonne als zentralen Stern und sieben Planeten mit ihren eigenen siebenfältigen Ketten. Drei dieser Planeten sind sichtbar und vier unsichtbar, weil sie entweder aus Pralaya erwachten oder kurz davor sind. So sieht also die Kette unseres wahren esoterischen Sonnensystems aus, und jeder der Planeten dieser Kette von Welten hat natürlich seine sechs unsichtbaren Gegenparts.

Dieses esoterische Sonnensystem oder diese Kette mit Mars, Erde, Merkur und Sonne als sichtbare Globen plus drei unsichtbare Globen wird natürlich (noch) nicht von der orthodoxen Wissenschaft als Tatsache akzeptiert; ich benutze sogar schätzungsweise die Struktur des von der Wissenschaft akzeptierten Sonnensystems, um zu zeigen, wie eng all diese Planeten und ihre Gegenparts mit unseren physischen Körpern und deren sichtbaren und unsichtbaren Gegenparts[31] verbunden sind. Was die Kette unseres esoterischen Sonnensystems anbelangt: Es verursachte viele Missverständnisse und Missinterpretationen, sogar von fortgeschrittenen Theosophen wie A.P. Sinnet, Autor des „*Esoterischen Buddhismus*“ und Empfänger der Mahātma-Briefe. OM.

31 Obwohl selbst siebenfältig, erfährt der Durchschnittsmensch nur den Planeten Erde und nicht die anderen Globen der Kette.

Schon der Titel des Buches „*Esoterischer Buddhismus*“ führte zu Irrtümern und Protesten, denn die Buddhisten sagten: „Wir sind Buddhisten und sonst nichts und haben nichts zu tun mit „esoterischem Buddhismus“. Das ist, nebenbei gesagt, nicht wahr, denn Esoterik schließt alles ein, sei es eine Ameise, einen Teelöffel, den Koran oder den Buddhismus. Esoterik ist das Wesen von all dem. Was Mr. Sinnet meinte, war: Buddhismus mit einem ‚D' ist einfach Wissen und Weisheit und nicht so „spezialisiert“ wie Buddhismus mit zwei ‚D', was mehr ein ethisches System darstellt, verbreitet von Gautama Buddha. OM.

Aber was ist mit der Frage, die die Ketten der Welten und ihre falsche Interpretation betrifft? Folgendes hat sich ereignet: Mr. Sinnet, in Korrespondenz mit einem der Meister[32], stellte eine Frage: „Welche Planeten von denen, die der gewöhnlichen Wissenschaft bekannt sind, gehören zu unserem System der Welten?“
Die Antwort von Meister Koot Hoomi war eindeutig und gleichzeitig eine Lektion für diejenigen, die zu sehr von ihrem begrenzten Standpunkt aus spekulieren und die versuchen, esoterische Weisheit und esoterisches Wissen zu kategorisieren und deren kleinen grauen Zellen etwas nachgeholfen werden soll (wobei ich meine eigenen kleinen grauen Zellen nicht ausschließe): Koot Hoomi antwortete: „... es gibt nur zwei andere Welten unserer Kette, die sichtbar sind... Mars und Merkur.“ Wenn der Meister die Ketten unseres esoterischen Sonnensystems meint, dann hatte er Recht[33]. Wenn er die Erdkette gemeint hätte, wäre er im Irrtum[34]. Was ist die Erklärung für diese Verwirrung? Koot Hoomi dachte, dass Sinnet die „Kette der Welten“ (oder die Kette des esoterischen Sonnensystems) gemeint hätte, und deshalb war seine Antwort richtig. Sinnets Problem bestand einfach darin, dass er nicht wusste, worüber er sprach, weil er möglicherweise die oben gezeigte Kette mit der Erdkette verwechselt hat, was nicht passiert wäre, wenn er seine esoterischen Hausaufgeben erledigt hätte. Mr. Sinnets späterer Angriff gegen MADAME BLAVATSKY (die zweifellos der direkte Bote der Meister Morya und Koot Hoomi Lal Singh ist) verschlechterte die Sache nur noch. Des Weiteren: Obwohl ich im *BUCH DES LICHTS* den Aufstieg der Menschheit von der Mondkette zur Erdkette beschreibe, ist es auch wahr, dass viele (Führer) von uns vom Planeten Mars auf den Planeten Erde kamen. Beide Aussagen widersprechen sich nicht, und es ist Teil des Lernprozesses des Lesers, das zu verstehen.

---

32 KOOT HOOMI LAL SINGH. (Obwohl er die letzten beiden Namen nicht so sehr mochte).

33 Natürlich meinte er diese Kette, aber Sinnet nicht. Er dachte, der Meister meine unsere Erdkette mit ihren sechs Gegengloben, weil er, Sinnet, die Erdkette im Kopf hatte, als er seine Frage stellte.

34 Obwohl sogar ein Meister irren kann, irrt er jedoch niemals in solch grundlegenden Fragen, die DAS GESETZ betreffen.

Hier ist ein Hinweis: Mars und seine Kette steuern auf ihr Ende zu bzw. in Richtung Pralaya. Wir auf der Erde und unsere Kette haben gerade 18.000 Verkörperungen erreicht, was etwas mehr als die Hälfte der Lebenszeit unserer Mutterkette und dieses Universums ist. Als also Mars auf seinem Höhepunkt war, erwachten wir gerade oder waren sogar noch in Pralaya oder vielleicht war Mars[35] schon dort, als die Mondkette noch existierte (oder bereits beim Sterben war...). Die Notwendigkeit eines Werkes wie *DAS BUCH DES LICHTS* ist offensichtlich. Attacken gegen Madame Blavatsky, eine der größten messianischen Seelen, die jemals auf diesem Globus gelebt haben, waren nur möglich, weil es niemals eine völlig enthüllte Version der Wahrheit gab. Diese Version wird nun im *BUCH DES LICHTS* präsentiert. Stell dir vor, sogar Mitglieder der Theosophischen Gesellschaft kritisierten Blavatsky. Das war und ist nur möglich, weil diese Leute das Gesetz der Geheimlehre nicht kannten. Und dieses Gesetz lautet: Wenn du die Lehre einmal liest, oder sogar zweimal oder dreimal oder zehnmal und dann das Buch beiseite legst, um dich auf etwas anderes zu konzentrieren, wirst du alles nach wenigen Wochen vergessen haben, manchmal nur nach Tagen. Warum? Wegen des niedrigen Schwingungszustandes der Hirnmaterie verglichen mit den höchsten Schwingungen, die sich von esoterischem Wissen im Allgemeinen und der Geheimlehre im Besonderen entwickeln. Des Weiteren: Nur jemand, der völlig selbstlos und bar jeden irdischen Verlangens ist, kann die *„Geheimlehre“* voll verstehen.

Wenn du diese Lehre hast, brauchst du nichts anderes. *DAS BUCH DES LICHTS* ist nur eine andere Tür zur „Schule des Lernens“. Es gibt nichts anderes als die Geheimwissenschaft. Sie ist die Manifestation eines jeden deiner Atemzüge. Sie ist dort, wo du lebst, und sie ist dort, wo du stirbst. Die Geheimlehre kann nicht unterrichtet werden. Aber sie kann reinkarnieren. Können Bücher reinkarnieren? Ja, sie können!

DAS BUCH DES LICHTS ist eine Reinkarnation der Geheimwissenschaft, obwohl die Geheimwissenschaft[36] wirklich UNSTERBLICH ist, sich ständig verändert und sich selbst dem Bewusstsein des Lesers anpasst. Egal, wie hoch dein Bewusstsein ist, die Geheimwissenschaft ist da, um dir mehr zu geben. *DAS BUCH DES LICHTS* ist die verdaute Geheimwissenschaft. Die Geheimwissenschaft ist für das Buch des Lichts, was Parabrahman für Mūlaprakriti ist. OM.

Oh, Mahā-Chohan, wenn das Höchste arūpa oder formlos ist, woher kommen dann die rūpas oder Formen, oh Mahā-Chohan? Wer erschuf sie? -Die Formen, oh Lanoo, wurden niemals „erschaffen“. Sie existieren als abstrakte Prototypen in Mahat, welches das universelle Denken ist. Alle Formen, die waren, sind und sein werden, sind präexistent als a) Arūpa oder formlose Idee und b) Rūpa oder ideale Form auf der Astralebene.

---

35 Oder der Planet vor der Marskette.

36 DAS BUCH DES LICHTS ist Tulku, weil überschattet von dem ākāšischen Wesen der Geheimwissenschaft.

Die wahre „Ursache“ von Mensch und Planet ist immer arūpa oder formlos, wie wir bereits in Genesis 1 finden können. „Am Anfang schuf Gott die Himmel und die Erde. Da war die Erde FORMLOS.“ Ende des Zitats. „Formlos“, aber existent...

Die Geister nehmen diese Formen entsprechend Karma und Hierarchie bei jedem neuen Manvantara auf, und es ist nur auf dieser, unserer irdischen Ebene so, dass sich Moleküle selbst der astralen Form anpassen. Die astrale Form ist (verglichen mit der physischen) viel realer als unser physischer Körper. Wenn du irgendetwas bist, dann eher die astrale Form als der physische Körper, wenn überhaupt, dann eher Manas als astral, dann eher Buddhi als Manas, wenn überhaupt, dann eher Âtma als Buddhi, wenn überhaupt... OM. Verstehst du das, oh Lanoo? Ja, oh Mahā-Chohan! Alles ist immer am Werden. Was bedeutet, dass sogar du...? –Ich bin nur eine Māyā, eine Illusion, verglichen mit Parabrahman, oh Lanoo. Deshalb bist du zum Scheitern verurteilt, wenn du denkst, du seiest dein physischer Körper. Du bist eine siebenfältige Mensch-Pflanze vom höchst spirituellem Prinzip (Âtma) zum niedersten physischen (Sthūla Śarīra), und jedes Prinzip ist die Form für das darunter. Wenn du stirbst, verschwinden sie eins nach dem anderen vom niedersten bis zum höchsten. Denn: Wenn das Vergängliche nicht vergehen würde, könnte das Ewige nicht bestehen. Eines Tages wird es keine Formen mehr geben, oh Lanoo. Nichtsdestoweniger werden sie noch in der Ewigkeit als Reflexionen existieren, bereit sich zu verwirklichen, was auch immer ihre Bestimmung sein möge. Was auf die Menschen zutrifft, das trifft auch auf die Sonnensysteme zu. Alle Sonnensysteme und ihre Sonnen und Planeten existieren in ihrer Vorstellung seit und durch die Ewigkeit hindurch. Es ist nur auf unserer, der vierten kosmischen Ebene[37] der Materie der Fall, dass sich die Moleküle selbst um den astralen Prototypen eines Planeten herum anordnen bzw. anpassen, was zuerst in einem Kometen resultiert, dann in einer Sonne und dann in einem Planeten.
Erlange Wissen und Tugend, oh Lanoo, dann wirst du eines Tages über ein Sonnensystem herrschen. Aber selbst jetzt enthält dein Kopf ein Sonnensystem. Das Gehirn (aber auch das Herz) ist die Sonne und die sieben Öffnungen deines Kopfes (Augen, Ohren, 2 Nasenlöcher, Mund) sind seine sieben exoterischen Planeten bzw. sie korrespondieren mit ihnen.

MEHR ÜBER DAS WECHSELN INNERHALB DER KETTEN

Wenn ein Planet stirbt oder wenn der Zyklus seiner Kette endet, überträgt er seine ganze Lebenskraft in ein neues Kraftzentrum im Weltraum. Dieses Kraftzentrum wird Laya genannt. Laya ist der undifferenzierte Zustand eines Kerns der Primordialsubstanz. Dieser Kern ist natürlich nicht-atomar oder (und) nicht-molekular. Was passiert,

---

37 Die drei höheren sind die Astralebene, die Formativebene, die intellektuelle und die höchste ist die Ebene der Archetypen.

ist folgendes: Die frei gewordenen Prinzipien des sterbenden Planeten informieren diesen undifferenzierten Zustand der Primordial-Substanz. Dann wird aus diesen frei gewordenen Prinzipien ein feuriges Energiezentrum, Komet genannt. Dieser Komet[38] treibt viele Millionen Jahre im Weltraum und versucht seinen Platz zu finden, in welchem Sonnensystem oder in welcher Galaxie auch immer. Aber dieser Prozess ist nicht einfach. Oft läuft der Komet Gefahr, von gigantischen Sonnen geschluckt zu werden oder mit anderen Kometen zu kollidieren. Wenn sich der Komet in diabolischen Kurven bewegt, genug Geschwindigkeit entwickelt und „ausweichen" kann, überlebt er. Schließlich und endlich findet der Komet den Punkt seines materiellen Laya-Zentrums im Weltraum und wird eine Sonne, nicht unbedingt eine Sonne unseres Sonnensystems, sondern öfter ein sonnenähnliches Energiezentrum, das später zu einem Planeten erstarrt.

Wieder vergehen Millionen von Jahren, bis diese Sonne sich abkühlt und ein Planet wird und so zu einem ständigen Mitglied in der Familie der anderen Planetenstrukturen wie zum Beispiel einem Sonnensystem.

Wollen wir noch einmal rekapitulieren: Jeder Planet war zuerst ein Komet, dann eine Sonne und wurde dann zu einem dichten Planeten. Einmal ein Planet, wird er „wiedererweckt" in der unmittelbaren Nähe seines Vorgängers, des Planeten, der ihm all seine Lebenskraft opferte. Dieser Planet ist nun der Mond[39] seines Kindes, das er nun ständig umrundet wie eine Mutter die Wiege ihres Kindes. Deshalb: Der Mond ist die Mutter der Erde. Von einem esoterischerem Standpunkt aus kann man sagen, dass die Erde die Reinkarnation des Mondes ist. Wenn die Wissenschaft beschließt, den Mond ‚Satellit' zu nennen, steht ihr das frei. Was die Ketten aller Planeten anbelangt: Warum hat jeder Planet sechs unsichtbare Globen? Wegen der Notwendigkeit der Transformation. Alles ist Transformation.

Ein Hinweis: Wenn dein Geist direkt in deinen physischen Körper inkarnieren würde, würdest du – EXPLODIEREN. Geist erfordert einen Transformator. Und zwar so:

	Sanskrit-Begriff
I. Geist	Âtma
II. Geist-Seele	Buddhi
III. Denken	Manas
IV. Tierseele	Kāma-rūpa
V. Astralkörper	Linga-śarīra
VI. Ätherkörper	Prāna
VII. Physischer Körper	Sthūla-śarīra

38 Mit oder ohne einem führenden Planetenengel? Beantworte meine Frage, oh Leser.

39 Der damals der Erde viel näher war als heute.

DAS BUCH DES LICHTS ist alles, was der Menschheit für Tausende von Jahren, die auf sie zukommen, mitgegeben werden kann. Ihr und ich – wir werden das Karma ausleben müssen, wenn irgend etwas, was in diesem Buch geschrieben wurde, zum Zwecke Schwarzer Magie missbraucht wird.

Was in der ersten Runde bzw. um 2.169.000.000 v. Chr. auf der Erde geschah, war folgendes:

Ca. 60.000.000.000 Monaden (in Klassen zu sieben) begeben sich auf die Erdkette herab.

(Viele blieben auf dem Mond und stiegen um 73.000 v. Chr. auf die Erdkette herab). Der Rest tauchte um 2.169.000.000 v. Chr., aber auch in der vierten Runde während der Atlantischen Epoche auf der Kette auf. Noch einmal sieht man in der Illustration die planetarische Kette unseres Planeten Erde und seine sechs unsichtbaren Globen[40]. Jeder der anderen Globen (Planeten) in unserem Sonnensystem hat gleichfalls seine sechs für uns unsichtbaren Globen. In der nachfolgenden Illustration ist die Erde Globus vier. OM.

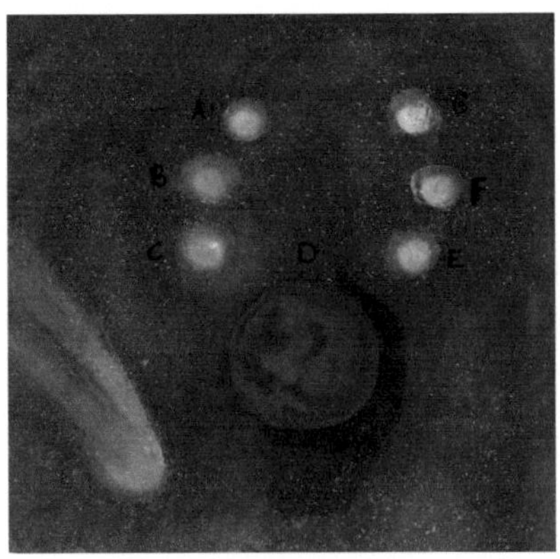

Ca. 60 Milliarden spirituelle Kraftzentren oder Monaden sind bereit, auf alle Globen der Kette herabzusteigen, um Bewusstsein zu erreichen (oder ihr Verlangen auszuleben), und zwar als Stein (Mineral), Pflanze, Tier, Mensch und schließlich wieder Geist. Das wird sich in sieben Runden von Globus 1 zu Globus 7[41] ereignen. Wir sind nun in der vierten Runde (zweite Hälfte) auf Globus 4, unserem Planeten Erde. OM der Ede, Mutter allen Rupa-Lebens (Leben mit physischer Form).

---

40 Globus 4 ist (für uns) sichtbar.

41 Oder von Globus A zu Globus G (Z).

Die sieben Runden auf der Erde und ihrer Kette, die um 2.109.000.000 v. Chr. beginnen. Über 4.320.000.000 Jahre hinweg vom monadischen Standpunkt aus

Alle Monaden steigen in Klassen zu sieben auf den göttlichen Globus herab, wobei eine nach der anderen den Abdruck eines Steins, einer Pflanze, eines Tiers und eines Menschen hinterlässt. Wenn die letzte Klasse (Klasse 7) auf den göttlichen Globus herabsteigt, verlässt die erste Klasse den Globus, um einen Schritt weiter nach „unten“ (auf den spirituellen Globus B) herabzusteigen. Wenn die 7. Klasse vom göttlichen Globus auf den spirituellen Globus herabsteigt (und wenn alle von ihnen ihren Abdruck des Steins, der Pflanze, des Tiers und des Menschen hinterlassen haben), steigt die Klasse 1 der Monaden herab auf den ätherischen Globus C und so weiter, bis alle Monaden Globus 4 (unsere Erde) erreichen, wo sie sichtbare Steine, Pflanzen, Tiere und Menschen (zuerst astral, dann „verdichtet“) werden.
Während des Herabsteigens auf die nächsten Globen werfen die Monaden eine nach der anderen ihre Vehikel ab und werden ätherisch, spirituell und schließlich wieder göttlich. Wann immer die Monaden einen Globus verlassen, fällt dieser Globus in die „Dunkelheit“, um in der siebenten Runde zu sterben. Das geht sieben Runden so. Wir sind nun in der vierten. Es ist also an der Zeit, das physische Vehikel abzuwerfen, oh Lanoo...
Für diejenigen, die Schwierigkeiten haben, die Bildung einer Kette vom monadischen Standpunkt aus zu verstehen, biete ich nun eine metaphysische Annäherung an: Unser Planet Erde gehört zu einer der Gruppen von sieben Planeten (die alle Menschen tragen) und elliptisch angeordnet sind. An einem unteren zentralen Punkt der Umlaufbahn der Evolution (oder in der Hälfte der Runde) finden wir unseren Planeten Erde (den Globus D): Der erste Globus dieses Ringes der Welten ist der Globus A, der letzte der Globus G (oder Z). Nach einem Pralaya wird Globus A[42] bzw. das, aus dem einmal Globus A entstehen soll, von einem Lebensimpuls erreicht. In der Mitte des kosmischen Staubes wird ein Zentrum gebildet oder: Der Sonnenstaub, der sich über den Weltraum verbreitet, konzentriert sich in dem, was wir erste schattenhafte Erscheinung des Globus A unserer Kette nennen könnten. Nun ereignen sich drei dem fleischlichen Auge unsichtbare Evolutionen, die in drei Reichen von Elementalen oder Naturgewalten resultieren. Woher kommen die Elementale plötzlich? Sie waren immer da, latent existent (ohne Form, aber realistischer als alles andere, was Form hat). Deshalb, oh Lanoo, gibt es keine Schöpfung, sondern nur die Evolution des Selbstbewusstseins durch FORM[43] (zum Beispiel den physischen Körper). Diese „Evolution“

42 Bis dahin aus kosmischem Staub

43 Oder: Die Evolutionisten liegen genauso falsch wie die Anhänger der Schöpfung. Gibt es Emanation, Evolution, dann gibt es ein Drittes, und wenn du es so nennen möchtest, dann nenne es Schöpfung.

zeigt ihre erste wirkliche Manifestation, wenn Gnome, Salamander und Wassergeister erscheinen[44]. Nun hat der erste Globus A in der Kette bereits sieben Prinzipien, die alle dem späteren Menschen (auf der Erde) entsprechen, nämlich

Die sieben Prinzipien des Globus A der Erdkette

I. Der „feste" Körper des Globus A des Planeten Erde (entspricht dem physischen Körper des Menschen), der von den Elementalen gebildet wird.

II. Das fließende Prinzip des Globus A, das dem Astralkörper des Menschen entspricht.

III. Das Lebensprinzip des Globus A, das dem ätherischen Körper des Menschen entspricht.

IV. Ein kreativer Impuls, der vom Zentrum des Globus A bis zu dessen Umfang wirksam ist, verursacht das Verlangensprinzip, was dem Kāma-rūpa im Menschen[45] entspricht.

V. Im Keim des Pflanzen- und Tierreichs des Globus A ist Manas oder physische Intelligenz verkörpert (entspricht den Manas im Menschen).

VI. Das sechste Prinzip von Globus A entspricht den Buddhi im Menschen und indem es Globus A wie ein Film spiritualisierter Ākśa umgibt, ist es genau das, was dem nächsten Prinzip entspricht, nämlich

VII. Âtma im Menschen.

Das, oh Lanoo, ist die Siebenfältigkeit des ersten Globus unserer „Kette der Welten". Und jeder der anderen sechs Globen ist auch siebenfältig. Ehre sei der Zahl 49. Nun, da die drei Evolutionen komplett sind, beginnt sich der „greifbare" Globus zu formen, geführt vom Mineralreich, welches an vierter Stelle ist, aber an diesem Punkt der Evolution an erster. Die ersten gasförmigen weichen und plastischen Ablagerungen werden sich erst im siebenten Teil des Globus A (jeder Globus ist siebenfältig) oder man kann auch sagen im siebenten Ring „verhärten"[46]. (Globus A ist wie jeder Globus der Kette ein siebenfältiger Ring; es gibt Ringe in den Ringen[47]). Wenn der siebente Ring von Globus A erst einmal vervollständigt ist, wird sein Wesen in das, was latent

44 Sie verursachen oder SIND die Tierseele der zukünftigen Erde oder des Globus D.

45 Aber: Die sieben Prinzipien im Menschen sind NICHT verbunden mit den Globen A, B, C, E, F (Y), G (Z) unserer Kette. Sie entsprechen ihnen nur.

46 Überlege, oh Lanoo. Wäre nicht sogar die weichste Struktur von heute hart im Vergleich zu einer ätherischen Kreatur? So waren also „weiche" Steine damals für die Astralmenschen genauso hart, wie es unsere Steine heute für uns sind.

47 Und jeder Ring oder Globus hat sieben Ringe.

Globus B ist, projiziert. Globus B hat bereits die vorbereitenden Stufen passiert, deshalb kann die Entwicklung der Minerale auf Globus B beginnen. Das Pflanzenreich beginnt auf Globus A auf dem ersten seiner Globen oder Ringe. Wenn die Evolution der Pflanzen den SIEBENTEN Ring von Globus A erreicht hat, geht sein Wesen auf Globus B (auf den ersten seiner Ringe) über. Wenn das passiert, erreichen die Keime des Tierreiches Globus A (vielmehr den ersten Ring von Globus A) und das Mineralreich bewegt sich in Richtung Globus C. Wenn das Tierreich den siebenten Ring von Globus A erreicht hat, springt es auf den ersten Ring von Globus B über. Das ist der Zeitpunkt, an dem der MENSCH auf dem ersten Ring von Globus A erscheint. Wenn ich „Mensch" sage, meine ich mit den Worten von Meister K.H. „... einen ätherischen Schatten des kompakten Wesens, das er bestimmt ist auf der Erde zu werden". Von da an entwickelt der Mensch sieben Elternrassen und deren Nebenlinien oder Unterrassen, vervollständigt seine sieben Ringe und wird so erfolgreich aufwärts auf jeden der Globen bis zu Globus G (oder Z) geleitet. Die absteigende Achse hinunter zu Globus D wird Schattenachse genannt, die aufsteigende wird leuchtende Achse genannt. Wir erreichen jetzt (21. Jhd.) schon die zweite Hälfte der fünften Rasse mit unserer Menschheit der Vierten Runde (obwohl auch schon Vertreter der fünften Runde unter uns sind). Das ist ein Wunder, aber auch eine Tatsache. Studiere *DAS BUCH DES LICHTS*, und du wirst verstehen. Wenn alle Reiche einmal Globus Z oder G (siebenter und höchster Globus unserer Kette) erreicht haben, gehen sie nicht wieder auf Globus A zurück, sondern sie beenden (unter dem Gesetz des Retardierens) ihre jeweilige Evolution der Arten, wenn der Mensch seine höchste Entwicklung auf Globus G oder Z erreicht hat. Wie und wo beenden die Reiche ihre Evolution? Das passiert noch auf Globus G oder Z, aber beeinflusst von Globus D oder der Erde. Von Globus D nach Globus A gibt es eine Kraft, die das Prinzip der Veränderung der Beschleunigung in Geschwindigkeit im absteigenden Bogen im Gleichgewicht hält. Warum gibt es dieses „Gesetz der Verzögerung"? Weil diese Reiche im Vergleich zum Menschen viel mehr Zeit benötigen, um ihre Ebenen und Sub-Ebenen zu entwickeln.

Der Mensch ruht in der Zwischenzeit in interplanetarischen Sphären (angenehmen und unangenehmen...), und wenn er schließlich auf Globus G oder Z ankommt, beenden alle Reiche ihre Arbeit gleichzeitig, bis dahin immer unterstützt durch das Gesetz der Verzögerung und des Gleichgewichts. Ein Beispiel für dieses ausgleichende Gesetz kann in der Tatsache gesehen werden, dass sich Fossilien des Menschen bzw. sein Skelett in keiner Periode wesentlich verändert haben, während „Pflanzen und Tiere (viele von ihnen) dem, was sie einmal waren, immer unähnlicher geworden sind" (Master K.H.). Was die Menschen der fünften und sechsten Runde in dieser unserer vierten Runde anbelangt, so zitiere ich den Meister noch einmal: „Wenn der Lebensbrunnen unaufhörlich sprudelt, sollten zu allen Zeiten Menschen jeder Runde auf der Erde sein." So erschien unser Herr, der Buddha, obwohl er durch eigene Anstrengung[48] ein Vertreter der sechsten Runde ist, auch wegen eines GEHEIMNISSES[49] auf dieser Erde. Des Weiteren: Menschen der fünften und sechsten Runde sind unter uns, weil wir den Mittelpunkt der vierten Runde passiert haben. Das wäre in der ersten Hälfte der vierten Runde nicht möglich gewesen. Als Regel kann man sagen, dass kein Mensch mehr als EINE Runde voraus sein kann, obwohl es Ausnahmen gibt, wie zum Beispiel den Buddha. Dennoch sind hier und heute Menschen der ersten, zweiten, dritten, fünften, sechsten und siebenten Runde anzutreffen. Bedenke: Wir repräsentieren die Menschen der ersten drei Runden und sind dabei selbst ein Mensch der vierten Runde. Alle anderen, die Menschen der fünften, sechsten und siebenten Runde können nur unter bestimmten vorbereiteten Bedingungen vorzeitig erscheinen. Aber genau genommen sind die Menschen der siebenten Runde noch nicht evolviert. Was die Evolution des Menschen auf unserer Kette anbelangt: Wenn der Mensch seine Evolution auf dem siebenten Ring des Globus A vervollständigt hat, geht er nach unten auf Globus D (7Ringe) und so weiter bis er C, D (Erde), E, F, G oder Z erreicht.

Wann immer er einen Globus verlässt, stirbt der Globus, jedoch nicht vollständig. Er erwacht zu neuem Leben, wenn der Mensch in der nächsten Runde wieder auf ihn herabsteigt. Nachdem er den siebenten Globus der Kette (Globus G oder Z, erreicht hat, hat der Mensch eine Runde vollendet (von A bis G oder Z) und erreicht einen nirvānischen Zustand, aus welchem er erwacht, um auf Globus A der Kette herabzusteigen, um eine neue Runde zu beginnen. Und so geht es sieben Mal oder sieben Runden, was 7 mal 7 Ringe[50] und 7 Dunkelheiten[51] pro Runde einschließt. Sieben solcher „7-Runden-Perioden" ergeben eine Solarperiode. Noch einmal: Es gibt sieben Globen (A,B,C,D,E,F,G oder Z) für jedes Reich und eine Finsternis für jeden dieser Globen. Am Ende einer Runde gibt es eine Ruhepause für alle, auch für das Pflanzen- und Tierreich, die nur eine teilweise Entwicklung erreicht haben. Sie sind nicht zerstört. Nichts beginnt neu nach einer Runde oder einem kleinen Manvantara. Deshalb gibt es sogar ein NIRVĀNA (so unbewusst es auch sein mag) für Pflanzen und Tiere. Denn sie sind, wie wir alle, gemacht aus dem EINEN ELEMENT. OM.

---

48 Angesammelte Verdienste bei vorausgegangenen Wiedergeburten, aber auch durch ein Geheimnis... und jeder Ring (oder Globus) hat sieben Ringe. Nun, oh Lanoo, verstehst du die wahre Bedeutung der geheimnisvollen Erzählung des „Herrn der Ringe", welche jedoch mit dem gleichnamigen Hollywoodfilm nichts zu tun hat.

49 Enthüllt im *BUCH DES LICHTS*

50 Jeder Globus enthält einen Ring oder sechs Globen oder sechs Sphären.

51 Enthüllt im *BUCH DES LICHTS*

DAS DREIFACHE EVOLUTIONSSCHEMA

Das menschliche Wesen ist sieben, aber auch drei, denn es wird gebildet aus I. der Monade, II. dem Intellekt (Denken, Manas) und III. dem physischen Körper (Tierseele - ätherisch - astral - physisch). Jeder dieser drei Hauptaspekte im Menschen hat seine eigene Ebene und sein eigenes System sowie seine entsprechenden Logos oder seinen geistigen Führer oder Dhyān-Chohan.

Die drei kosmischen Aspekte könnten auch die monadische (oder spirituelle), die intellektuelle (Denken, Manas) und die physische Evolution genannt werden. So wächst und entwickelt sich die Monade auf der monadischen, der Intellekt auf der mentalen oder Manas-Ebene und der astro-physische (emotional-physische) Aspekt auf der astro-physischen Ebene. Obwohl diese Ebenen unterschiedliche Bewusstseinszustände darstellen, überlappen sie sich bzw. gehen ineinander über. Es gibt keine Teilung der Kräfte.

Höchste Dhyānis von weit entfernten Galaxien und unsere eigenen Monaden oder höheren Selbst wohnen auf der monadischen Ebene, der intellektuellen oder Manas-Ebene, die von einem Solar Deva oder Agnishwātta pitris[52] bewohnt wird, mit anderen Worten von Mānasaputras (und unseren eigenen Manas), und die astro-physische Ebene ist die Welt der lunaren pitris und ihren Körpern oder chhāyas. Um diese chhāyas oder Astrale (die von der Monade angezogen wurden) herum wächst der physische Körper Atom für Atom.

Der Schüler der Esoterik könnte nun fragen: „Wie kann sich die Monade auf jeder Ebene entwickeln bzw. wie kann sie wachsen, wenn sogar Blavatsky in ihrer Geheimwissenschaft[53] erwähnt, dass die Monade „...weder im Fortschreiten und Entwickeln noch durch die verschiedenen Zustände, durch die sie geht, beeinflusst werden kann?“ Sieben Seiten später beschreibt sie jedoch den monadischen Aspekt der Evolution. Ich zitiere: „Die Monade ist, was Wachstum und Entwicklung anbelangt, in einer noch höheren Phase der Aktivität...[54]“. Ist das ein Widerspruch? Ganz und gar nicht. Die Antwort ist Svabhāva. Eine Monade bzw. das, was wir als Gott erfahren, IST einfach. Und bei jedem neuen Manvantara und jeder INKARNATION entfaltet die Monade mehr und mehr dessen, was tatsächlich in ihr ist. Die Monade entfaltet sich sozusagen portionsweise, indem sie ihre Svabhāvat oder spirituelle ākāśa entfaltet, denn wenn die Monade alles auf einmal freisetzen würde, würde die Wesenheit (oder Persönlichkeit) „vertilgt“ oder sie würde, wie bereits erwähnt, buchstäblich explodieren. Also setzt die Monade etwas von ihrer Svabhāvat im mineralischen, etwas im pflanzlichen, etwas im Tier- und etwas im Menschenreich frei, um so tatsächlich (für diese Zeit des Seins) ein Stein, eine Pflanze, ein Tier, ein Mensch (und schließlich ein Gott) zu „werden“, aber

52 Warum ein Solar-Deva (Singular), aber ... pitris (Plural)? Weil, oh Leser, ein Engel immer auch ein Wirt von Wesenheiten ist.

53, 54 Kosmogenesis

es ist eine Monade, und es wird immer eine Monade sein, auch wenn sie durch das Berühren der Reiche diese oder jenes[55] wird, indem sie Svabhāvat freisetzt, und deshalb bedeutet Svabhāvat „Das, was selbst wird“ von sva-self und bhavat-werden. Sie sind jedoch alle nichts anderes als Verlangenszustände. OM.

DIE MANUS

„Manu“, der Ursprung des späteren engl. „man“, kommt vom Menschen, was Sanskrit ist und „Denken“ bedeutet. Also ist „manu“ der Denker, „manu“ ist der göttliche Gesetzgeber. „Manu“ ist auch eine kollektive Menschlichkeit oder der führende Gedanke dieser Menschheit und die archetypische Form aller Formen dieser Menschheit. „Manu“ ist jedoch kein alter Mann mit einem Bart, sondern ein wirkliches Para-Wesen und für einen geübten Seher vielleicht sichtbar. Es gibt 14 Hauptmanus oder Mahā-Manus, die während einer Verkörperung einer Erdkette, die sieben Runden zählt, erscheinen. Es gibt andere (globale z.B.) Nebenmanus, aber wir betrachten jetzt hier nur die 14 Mahā-Manus dieses Brahmānda bzw. der Erdketten-Verkörperung, welche die 18.001. Verkörperung ist, der noch 17.999 folgen werden. Es gibt 14 Mahā-Manus in sieben Runden, einen Manu am Beginn der Runde und einen Manu am Ende der Runde. Wir nennen den ersten Manu Wurzelmanu und den letzten Samenmanu. Warum? Der Wurzelmanu repräsentiert die Entwicklung der menschlichen Rassen (mit der Hilfe der Dhyān-Chohans)[56], während der Samenmanu die Samen für die menschlichen Rassen, die noch kommen werden[57], enthält. Alle 14 Manus sind Haupt- oder Mahā-Manus, den Manu der Vierten Menschheit ausgenommen. Er oder ES, auf Globus A in der Vierten Runde beginnend, ist ein Neben-Manu, Emanation des ersten Manu der ersten Runde auf Planet A[58]. Dieser erste Manu wurde Svāyambhuva genannt. Aus Svāyambhuva emanieren alle anderen Manus als sieben mal siebenfältige Emanationen. Eine dieser Emanationen ist, wie bereits erwähnt, unser Manu, der Vaivasvata genannt wird. Er oder es rettete vor Millionen von Jahren unsere

---

55 Die Monade könnte mit einem Gewichtheber verglichen werden, der 200 Pfund mit Leichtigkeit heben könnte, aber jeden Tag nur ein Gramm hebt...

56 Höhere Devas oder Engel.

57 Die Zeitperiode innerhalb oder antara zwei Manus wird Manu-antara oder Manvantara genannt. Das große Manvantara dauert vom Wiedererwachen allen universellen Lebens bis zu seiner „endgültigen“ Auflösung und wird ein großes oder Mahā-Manvantara genannt und dauert 311.040.000.000.000 Jahre.

58 Vaivasvata ist jedoch auch eine Sub-Emanation des Wurzelmanu der Vierten Runde, den wir auch Vaivasvata oder Vaivasvata I nennen könnten und seine Emanationen II, III, IV usw. Eine dieser Emanationen war Vaivasvata IV, der die fünfte Wurzelrasse und Teile der vierten vor der Flut rettete. Aber diese Flut ereignete sich Millionen von Jahren vor der „angeblichen“ Sintflut der Bibel.

Rasse, als eine Hemisphäre unseres Globus mit Wasser überflutet war. Wenn die Religion Vaivasvata lieber „Noah“ nennen möchte, soll sie es tun.

Es folgen nun die Manus und ihre Runden während 4.320.000.000 Jahren auf sieben Globen von Planet A zu Planet G[59]. Obwohl der Samen-Manu die Runde schließt, erscheint er bereits exakt zum Mittelpunkt der Runde, versammelt die Śishtas und steigt auf zu Brahmā und ins Pralaya-Nirvāna. Vaivasvata ist unser Wurzelmanu, und seit wir die erste Hälfte dieser vierten Runde überschritten haben, ist nun Savarna der Samen-Manu. OM an Savarna.

DIE VIERZEHN MANUS[60], ihre Runden auf der Erde und die Anzahl der menschlichen monadischen Inkarnationen pro Runde:

DIE ERSTE RUNDE:

777x7 Inkarnationen [61] (2.169.000.000 v. Chr. - 1.552.000.000 v. Chr.)
Erster Wurzelmanu von Planet A-D: Svayambhūva
Erster Samenmanu von Planet D-G: Swarochi (auch Swarothisha genannt)

DIE ZWEITE RUNDE

777x7 Inkarnationen (1.552.000.000 v. Chr. - 935.000.000 v. Chr.)
Zweiter Wurzelmanu von Planet A-D: Uttama
Zweiter Samenmanu von Planet D-G: Thamasa

DIE DRITTE RUNDE

777x7 Inkarnationen (935.000.000 v. Chr. – 318.000.000 v. Chr.)
Dritter Wurzelmanu vom Planeten A-D: Raivata
Dritter Samenmanu vom Planeten D-G: Chackchuska

DIE VIERTE (UNSERE) RUNDE

777x7 Inkarnationen (318.000.000 v. Chr. – 299.000.000 n. Chr.)
Vierter Wurzelmanu vom Planeten A-D: Vaivasvata
Vierter Samenmanu vom Planeten D-G: Savarna

---

59 Es gibt in Wahrheit 12 Globen: Unseren sichtbaren Planeten Erde, sechs andere unsichtbare Globen und fünf abstrakte, aber in Wirklichkeit sind diese fünf Globen wirklicher als alles, was du „wirklich“ nennen kannst...

60 Die Manus oder Hierarchien „füllen“ den Weltenraum nicht, sie SIND Weltraum. Meditiere darüber, oh Lanoo.

61 Die Anzahl der Inkarnationen verändert sich nicht, ihre Länge jedoch sehr wohl (auf Grund von Karma).

DIE FÜNFTE RUNDE

777x7 Inkarnationen (299.000.000 n. Chr. – 916.000.000 n. Chr.)
Fünfter Wurzelmanu vom Planeten A-D: Daksha Savarna
Fünfter Samenmanu vom Planeten D-G: Brahmā Savarna

DIE SECHSTE RUNDE

777x7 Inkarnationen (916.000.000 n. Chr. – 1.533.000.000 n. Chr.)
Sechster Wurzelmanu vom Planeten A-D: Dharma Savarna
Sechster Samenmanu vom Planeten D-G: Rudra Savarna

DIE SIEBENTE RUNDE

777x7 Inkarnationen (1.522.000.000 n. Chr. – 2.151.000.000 n. Chr.)
Siebenter Wurzelmanu vom Planeten A-D: Rouchya
Siebenter Samenmanu vom Planeten D-G: Bhoutya

Diese Manus sind Brahmā unterworfen, so wie Brahmā Brahman unterworfen ist, und Brahman ist die Wirkung eines Atems, der geatmet wird von jemandem, der JENSEITS DER VORSTELLUNG ist oder

PARABRAHMAN
OM

AGNISHWĀTTA
Die Mānasaputras

Wer sind diese 60.000.000.000 Monaden[62], die von einer Kette (Mond-Kette) zur nächsten (Erd-Kette) übergehen? Die meisten davon sind WIR selbst. Und die meisten von ihnen (die mentalen Monaden) sind die Mānasaputras oder die Herren des Denkens, Wesen, die durch alle Bewusstseinsbereiche gegangen sind, einschließlich unserer EIGENEN und nun höher sind als wir. Das bedeutet, dass ihr Wesen rein ist, aber ihre Egos oder höheres Selbst oder Manas müssen mehr menschliche Erfahrung sammeln. Vergiss nicht, dass die Mānasaputras oder die „Geber des Denkens" zum Beispiel auf der Mond-Kette Teil einer Dhyān-Chohanischen Wesenheit waren, zu der wir menschlichen Tiermonaden als astrale Monaden auch gehörten. Wenn ich 60.000.000.000 Monaden sage, meine ich jede dieser Monaden als siebenfältige, noch nicht manifestierte (no rūpa) Wesenheit, aber sie werden sich auf allen Ebenen manifestieren, mit und ohne Form. Deshalb können sie uns etwas (oder alles) von ihrem Bewusstsein geben, und wenn das geschieht, dann „mānasupatrisieren" sie uns. OM. Wie machen sie das? Wie kann höheres Bewusstsein an niederem anhaften bzw. die

62 Reflektiert im Chaos

Mānasaputras an uns? Genauso wie sich ein Lichtstrahl mit einem anderen vermischt. Sind zwei Strahlen das Ergebnis? Nein, sie erscheinen als ein intensivierter Strahl. So ist das, wenn sich höheres Bewusstsein an niederes anhängt. Dann erfahren wir eine Verstärkung des Lichts oder Erleuchtung. Bewahre uns vor den Mächten der Dunkelheit, oh Leser. Und erkenne: Wie jetzt Leben auf der Erde ist, so gab es Leben auf dem Mond. Oder: Ein Mond-Stein wird zum Erdplaneten[63], die Mond-Pflanze wird ein Erd-Tier, das Mond-Tier entwickelt sich zum Erd-Menschen.
Aber wollen wir doch präzise und wissenschaftlich sein. Das ist esoterische Wissenschaft und nicht Science Fiction. Es hängt vom Grad des „Bewusstseins" ab, ob eine Mondpflanze ein Tier auf der Erde werden kann. Einige Mondpflanzen waren damals auf dem Mond auf solch einer niedrigen Bewusstseinsebene, dass sie auch hier auf der Erde Pflanzen wurden und noch sind, wenn auch auf einer viel höheren Ebene. Zum Beispiel wird sich eine Flechte vom Mond von ca. 8.000.000.000 v. Chr., als der Mond und seine Kette lebten, hier auf der Erde nicht sofort zu einem Tier verändern, aber viele werden vielleicht erst eine schöne Rose, was mehrere Schritte „höher" ist als das, was eine Flechte ist. Genauso verhält es sich mit Tieren und Menschen. Tiere vom Mond (wenn von sehr „niedrigem" Standard) werden auf der Erde möglicherweise noch einmal Tiere, wenn auch auf einer wesentlich höheren Stufe (vielleicht Haustiere) oder sie entwickeln sich zur niedrigstmöglichen menschlichen Rasse wie die Bewohner der Andaman Inseln, die Veddhas von Ceylon, einige Völker der Südsee und Teile afrikanischer Stämme. Nichtsdestoweniger sind sie Menschen genauso wie wir.
Was geschah, war folgendes: Tiere der Mondkette in der siebenten oder letzten Runde wurden hier unten auf der Erde die am niedersten entwickelten Menschen, aber nur deshalb, weil sich diese Mondtiere weit unter dem Status der Haustiere bzw. dem, was wir Haustiere nennen könnten, befanden. Mit andern Worten: Die Bewohner der Andaman Inseln usw. waren auf dem Mond, was ein Maulwurf (oder andere Tiere auf dieser Stufe) hier wären.

Und was ist mit den am höchsten entwickelten Tieren der Mondkette? Sie sind – WIR! Wir sind diese am höchsten entwickelten Tiere bzw. wir waren es damals, als der Mond und seine Kette lebten. Und wir wählten unsere Haustiere aus zwei Gründen:
1. Weil wir durch denselben evolutionären Tierstatus wie sie gegangen sind und weil wir 2. in dieser Runde (als androgyne Menschen) die zukünftigen Säugetiere aus unserer eigenen Substanz emanierten. Das ist auch der Grund dafür, dass es sogar eine äußerliche Ähnlichkeit zwischen dem Haustier und seinem Besitzer gibt. Der Schüler des *BUCHES DES LICHTS* wird bald verstehen, warum ein Haustier nicht einfach nur

---

63 Obwohl es 7x7 evolutionäre Schritte gibt zwischen Mondgestein und Erdplaneten und allen anderen Beispielen, die hier erwähnt werden.

ein domestiziertes Tier seines menschlichen Besitzers ist, sondern sogar ein Teil dessen ureigenster Substanz. Die domestizierten Tiere wollen bzw. müssen in unserer Nähe sein, weil sie eines Tages selbst Menschen sein werden. Aber jetzt, nach dem Mittelpunkt der Vierten Runde, ist diese „Tür" zum Menschenreich für die meisten Tiere geschlossen. Es gibt jedoch Ausnahmen. Alles in diesem Universum drängt es, sich zum Menschen zu entwickeln und dann wieder zu .... Gott bzw. zum Urgrund. OM. So werden also die Tiere eine Stufe höher steigen (vom Tierreich zum Menschenreich), so wie sie vorher vom Pflanzenreich ins Tierreich aufgestiegen sind. Zuvor musste die Monade sogar durch die drei elementalen Reiche in oder hoch zu dem Reich der Minerale gehen. Es gibt nichts, was der Stein-Pflanzen-Tier oder der menschlichen Monade ähnelt. Es gibt nur eine Monade. Aber wenn diese Monade (Atma-Buddhi) durch die Reiche geht, erfährt sie diese Reiche als elemental, Stein, Pflanze, Tier, Mensch und schließlich als Gott, was der Bewusstseinszustand ist, der der Monade am nächsten kommt. Deshalb sagen wir: Ein Stein wird zur Pflanze, eine Pflanze zum Tier, ein Tier zum Menschen und dieser schließlich ein Gott, aber während der ganzen Zeit ist die Monade die UNSTERBLICHE Überlebenswesenheit und ihrer wahren Form gemäß arūpa oder formlos. OM. Sei eine Monade, oh Leser.

SPIRITUELLE TRANSMIGRATION oder DER WEG DER MONADE DURCH ZEHN REICHE[64]

Die Reiche selbst können nicht in dem Sinne aufsteigen, dass sich das Pflanzenreich zum Tierreich verändert. Das kann und wird niemals sein. Ein Tierreich ist immer ein Tierreich und ein Menschenreich wird immer, bis zu Pralaya, ein Menschenreich sein. Die Reiche fungieren als Schulen oder Klassen für die Monade. In Klasse eins bzw. der niedrigsten ist der Mond oder seine Reflexion eine elementale Substanz – Powerbewusstsein, aber auf ihrer eigenen Ebene ist die Monade immer und ausschließlich nur eine Monade, weil die Monade in Wirklichkeit nie ihre Ebene verlässt, sondern von dort reflektiert. Die Klassen zwei und drei sind von gleicher Natur. Dann ist die Monade bereit[65] für das Vierte oder Mineralienreich, wo sie ein Stein „wird". Im Fünften oder Pflanzenreich wird die Monade eine Pflanze, im Sechsten oder Tierreich wird die Monade ein Tier, im Siebenten oder Menschenreich (OM der Sieben) wird die Monade zuerst ein rūpa-Gott (mit Form) und dann arūpa-Bewusstsein (keine Form). Als Gott (rūpa oder arūpa) kann die Monade Dhyān-Chohan genannt werden und das, was ihr entströmt, ist svabhāva.

---

64 In Wirklichkeit 12, wie wir bald lernen werden.

65 Hoffentlich. Aber wie in der Schule gibt es immer einige „Bummler", die dieselbe Klasse zweimal machen müssen...

Es gibt zehn Reiche, wie es konsequenterweise auch zehn Klassen von Monaden gibt. OM der 10. Jedes der zehn Reiche ist verbunden mit einem Haus des Tierkreises. Aber es gibt zwölf Häuser, oh Mahā-Chohan! Gibt es zwei weitere Reiche?
Ich habe eigentlich nicht die Erlaubnis, es dir zu sagen, weil diese Frage meine innerste Natur berührt, oh Lanoo! Aber nun, da du danach fragst, bin ich verpflichtet zu antworten, oh Enthüller der Geheimnisse. Die fehlenden zwei Reiche (welche die 12 vollständig machen würden), diese zwei Reiche sind mein, oh Lanoo. Ich bin der Wurzelmanu, wenn ich erscheine. Oder: Ein Denker. Alle Monaden sind in mir genauso wie in den Reichen. Wenn ich erscheine, bin ich EINS. Dann entrolle ich die zehn Reiche wie eine geheime Schriftrolle, Para-DNA, Quelle von DNA. Enthaltene Nukleotide und Para-Enzyme ermöglichen durch astrale Wirkung und per reverser Transkription den Prozess der Veränderung der Enzyme von RNA zu DNA, was auch AIDS verursacht. OM.
Auf diese Art und Weise werde ich 11. Wenn ich mich in Brahmā zurückziehe (oder auch in Pralaya), werde ich und bin ich wieder 1, einschließlich des Bewusstseins der vorausgegangenen 11. 11 plus eins ist 12. Diese 12 sind mein Bewusstsein, bevor ich in Pralaya eingehe. Dann (aber auch beginnend mit dem Mittelpunkt der Runde) bin ich der Samen-Manu. Wenn ich wieder erscheine, werde ich wieder der Wurzel-Manu sein, aber diesmal mit einem (relativ) höheren Bewusstsein als vorher. Wie oft ich komme und gehe? Es gibt keinen Anfang und kein Ende? Ich bin die Supermonade, oh Lanoo. Aber ich bin nicht „er" oder „es", sondern nur der Atem des EWIG UNERKLÄRBAREN, das Parabrahman ist. OM, OM! Darin besteht das Geheimnis der zwölf, dir nun enthüllt. Die zwölf Reiche einschließlich aller Monaden sind mein Bewusstseinszustand. Ich bin für dich, was du für die Zellen deines Körpers bist, und du bist eine Zelle meines Körpers. Dein Karma ist mein Karma. OM.

Tief bewegt von der Enthüllung des Chohans dauerte es eine ganze Weile, mich zu beruhigen und mit der Arbeit fortzufahren. -Enthülle mir nun, oh Mahā-Chohan, wie deine Bewusstseinszustände mit den Tierkreiszeichen verbunden sind! -Versuche nicht zu laufen, ehe du nicht weißt, wie man krabbelt, Erdling!
-Wer hoch fliegt, wird tief fallen. Danke, oh Mahā-Chohan, dass du mir wieder meinen Platz gewiesen hast, welcher darin besteht, zu lehren und das weiterzugeben, was ich jetzt enthüllen darf.
Also dann. Die Aufgabe der Monade ist es, aufzusteigen durch alle Reiche vom niedersten elementalen bis zum höchsten menschlichen und höher zu den drei Dhyān-Chohanischen Ebenen. Aber sogar jetzt sind die meisten von uns teilweise mit dem Tierreich „verbunden", solange, wie du brauchst, Kāma-Rūpa (deine Tierseele) zu transformieren mit Hilfe der Manas (Denken) durch Antahkarana (Pfad aufwärts in diesem Falle) zu Âtma-Buddhi (der Monade) oder dem wirklichen Ich. OM.
Noch einmal: Was auch immer sich jetzt auf der Erde befindet, war vorher auf dem Mond. Noch bevor diese Erdkette überhaupt existierte, gab es Leben, Kultur und Zivi-

lisation auf dem Mond. Aber damals war alles etwas weniger entwickelt als jetzt oder vor Millionen von Jahren auf der Erde. Wir sind wie die Steinzeit im Vergleich mit damals. Und das muss so sein. Das ist das Gesetz. Es gibt nichts neues unter der Sonne, obwohl alles voranschreitet. - Gibt es ein Wort, oh Mahā-Chohan, welches das Nicht-Enthüllbare enthüllt und das Unfassbare fassbar macht, das Unerklärbare erklärt, das Parabrahman[66] ist? - Nein, oh Lanoo, denn das, was nicht ist[67] (obwohl es existiert), kann nicht erklärt werden mit dem, was ist. Teile das Unsichtbare, und du wirst die siebente Ebene erreichen oder den siebenten Schlüssel finden zu dem immer versteckten Geheimnis. Wenn du das Wort gefunden hast, stoße es aus. Wenn ich nichts einzuwenden habe, und wenn es DAS WORT ist, dann darf ich weiter gehen. Aber: Du musst es selbst finden. Das Wort wird dich so nahe zu Parabrahman (auf deiner Bewusstseinsebene) bringen, wie ich ihm auf meiner Ebene[68] nahe bin. Die endgültige Wahrheit, oh Lanoo, kann nur am „Ende“ aller Existenz erfahren werden oder wenn du bar jeden Verlangens bist.
- Bitte, oh Mahā-Chohan, gib mir einen Hinweis! - Es ist das letzte Wort, das ich erwähnte, oh Lanoo... – (und plötzlich verstand ich). Das letzte Wort, das er erwähnte, war „Existenz“. Existenz ist Brahman, das Ende der „Existenz“ ist Parabrahman.

ZWEITER SCHLÜSSEL

Es ist exoterisch[69], oh Mahā-Chohan, gib mir die esoterische[70] Erklärung und Definition. (Der Chohan antwortete nicht, und ich beschloss nicht mit dem Schreiben fortzufahren, bis mir das Geheimnis enthüllt werden würde). Nach drei Tagen „erschien“ er wieder, sein Bewusstsein verschmolz mit meinem. - Die wahre Macht und Bedeutung der Mantra OM MANI PADME HUM liegt in der Stille DANACH. Spreche, denke, lebe die Mantra[71], aber verstehe, dass du deine Stille bist. Und wenn ich „Stille“ sage, meine ich nicht die Abwesenheit jeglicher Töne. Ich meine JENSEITS der Funktion der Ohren und Augen...

---

66 Jenseits des Vorstellungsvermögens.

67 Im Sinne des absoluten Seins.

68 Später verstand ich, dass der Chohan Parabrahman als Mūlaprakriti sieht.

69 Enthüllte äußere Kleidung

70 Versteckte Wirkung bzw. das Wesentliche.

71 CD LANOO (Christian Anders): „OM MANI PADME HUM”, Neptun Media GMBH München, Total Time 62:44 Min., Bestell-Nr.: 4 014837 009156 (s. Anhang).

Nun analysiere das Wort „Existenz“, oh Lanoo. EXISTENCE oder EX - IS - TENCE (oder Tense (dt. Zeit) wie z.B. Vergangenheit, Gegenwart usw.). EX - IS - TENSE: EX ist das was war, IS ist das was ist, TENSE ist abgeleitet vom lateinischen. „Tempus“ oder „Zeit“ oder: Definition der Zeit; jede Form (eines Verbs), das die Zeit seiner Aktion zeigt oder seines BEWUSSTSEINSZUSTANDES. EXISTENZ ist das, was war und ist ZUR GLEICHEN ZEIT, was jetzt ist[72]. Sei „am Fließen“, und du bist UNSTERBLICH. Es gibt ununterbrochenes Bewusstsein. Existenz ist BRAHMAN oder: BRAHMAN verursacht das Wort „EXISTENT“. EXISTENZ ist EWIGKEIT (für 311.040.000.000.000 Jahre)[73] und BRAHMAN.

320.000.000 v. Chr.
DIE VIERTE RUNDE
Länge: 617.000.000 Jahre

Alle Formen sind (wie heute) aus Monaden gemacht, deren niederste Emanationen zahllose Myriaden von Leben werden, deren niederste Emanationen die Quelle dessen sind, was die Wissenschaft Mikroben nennt. In Wahrheit besteht ALLES, auch der menschliche Körper, auf der physischen Ebene aus nichts anderem als Mikroben in verschiedenen Verdichtungszuständen, die von Sichtbarkeit (unter dem Mikroskop) bis zur Unsichtbarkeit reichen.

DER BEGINN DER SEDIMENTATION AUF DER ERDE[74]

Astrale Energie manifestiert und verdichtet sich mehr und mehr, hervorgerufen durch den extremen Verlangensaspekt der noch jungen Monade, die ihre ersten Schritte des Bewusstseinszustandes als (späteres) Mineral erfährt. Aber das Ziel aller Minerale wird Zerfall sein, im Besonderen Radioaktivität (die auf der Erde um 9.000.000 beginnt). Radioaktivität ist das Ziel aller mineralischen atomaren Formen, folglich ist Radioaktivität die Qualität des Mineralreiches. Der Prozess der Radioaktivität wird geführt vom Ersten (Macht) und dem Zweiten (Organisation) Strahl. Die Zukunft der astralen Energie, die zu beispielsweise Kohlenstoff kondensiert (was nichts anders ist als ein Zustand des Bewusstseins oder Verlangens der Monade) wäre ätherische Materie - Kohlenstoff - Kristall - und Halbedelsteine - Edelsteine - radioaktive Substanz.

---

72 Bedeutung: das „fließende Jetzt“.

73 und auch nach...

74 Was bedeutet: Während der ersten drei Perioden oder für mehr als 1.800.000.000 Jahre war die Erde nichts anderes als ein riesiger Globus astro-protoplasmischer Materie (erster Äther, feurig usw.).

So vereinigen sich der Wille des Ersten Strahls und der Rhythmus des Siebenten Strahls und produzieren Erde und die enthaltene Materie, denn die Kraft der Sieben Strahlen arbeitet durch jede Monade. Das Werk der Zerstörung, Anziehung, das Wiedererbauen und erneuerte Lebensmanifestation wird von der Seele bewirkt in einer Form, welche jedoch die Anregung des entsprechenden Strahls erfordert. Das gleiche gilt für die Seele eines menschlichen Wesens, einer Nation und der Menschheit selbst. Das Drama menschlichen Lebens (Kriege, Hungersnöte, Epidemien usw.) wird bestimmt von der Kraft der Sieben Strahlen mit dem einzigen Zweck des Erreichens des Gottesbewusstseins für alle. So bedeutet Strahlung also für jede Form Seelenstimulation, bis die Seele schließlich jenseits der Form strahlt.

ABLAGERUNGEN BIS HEUTE (21. Jhd.)

Gesamtsumme von 320.000.000 Jahren seit der ersten Sedimentation auf der Erde[75], Verteilung auf die verschiedenen Ablagerungen:

Formation	**Ablagerung in Fuß**		**Jahre**
Primordialzeit	70.000		171.200.000
Primärzeit	42.000		103.040.000
Sekundärzeit	15.000		36.800.000
Tertiärzeit	5.000		7.360.000
Quartärzeit	500		1.600.000
		Gesamt:	320.000.000

Um 320.000.000 v. Chr.
DIE VIERTE RUNDE[76]

Alle Formen, die jetzt (21. Jahrhundert) die Erde bewohnen, sind Variationen von Grundtypen, abgesondert von Menschen der dritten oder vierten Runde. Die Grundtypen damals (320.000.000 v. Chr.) waren einige wenige, verglichen mit den fast endlos vielen Variationen von Organismen, die sich aus ihnen heraus entwickelten. Transformation von gasförmigen, flüssigen und plastischen Formen in einen dichten Globus. Verglichen mit vorausgegangenen Runden und Ketten verändert sich der Körper des

---

75 Alle astralen Prototypen der Minerale, Pflanzen, Tiere und Menschen sind (320.000.000 v. Chr.) materialisiert und kristallisiert, aber sie werden ihr Maximum der Verdichtung um ca. 9.000.000 v. Chr. erreichen. OM.

76 Mittelpunkt: 9.000.000 v. Chr. Jede Frau in Genesis ist nichts anderes als ein Symbol für ein Land oder eine Stadt, und jeder Mann oder Patriarch symbolisiert eine Wurzelrasse oder Unterrasse usw.

Menschen, der einmal zu dichter physischer Form (Verlangenszustand) kondensierte, weniger als die Tiere in Richtung Materialität. Der Grund dafür ist, dass die Evolution des Menschen sich hauptsächlich innen in Richtung seiner geistigen Natur abspielt und nicht außen, wie es beim Körper des Tieres sein wird, bis die Tiermonade auch bereit sein wird, das Menschenreich zu betreten. Von jetzt an drängt es den Menschen nicht mehr so stark wie das Tier, physisch (körperlich) zu werden (obwohl er seiner physischen Form nicht entfliehen kann). Der Grund dafür ist sein höherer Bewusstseinszustand. Vergiss nicht, alle Materie ist nichts anderes als ein Zustand des Bewusstseins oder Verlangens. Ein höherer Bewusstseinszustand bewirkt automatisch ein geringeres Verlangen, was zu einer geringeren Dichte in der physischen Struktur führt.
Wurzelmanu: Vaivasvata[77]; Samenmanu: Savarna. Sieben Wurzelrassen, jede geteilt in vier Alter: Golden, Silber, Bronze und Eisen(zeit)alter. Das gilt auch für jede Sub-Rasse. Die Alter entsprechen den Zeitaltern (yugas): Golden-satya, silber-treta, bronze-dwapara, Eisen-kali. OM.

WILLKOMMEN GENESIS (denn damit beginnt das Buch Genesis: mit der Vierten Runde)[78]

Jene Monaden, die bis heute immer noch Tierformen besitzen, die also noch im Tierreich wohnen, werden keine Menschen werden oder vielleicht vor Ende der Siebenten Runde ins Menschenreich aufsteigen.

DIE VIERTE RUNDE (Länge: ca. 617.000.000 Jahre)

Hunderte von Millionen von Monaden können den Gefahrenpunkt (von der dritten zur vierten Runde) nicht passieren. Sie gehen nach NIRVĀNA. Aber sie werden auf der nächsten Kette wiedererwachen, dieser Erdkette folgen und sie werden Tiere sein auf der neuen Kette. Alle Monaden der vierten Klasse erreichen den Menschenstatus in dieser (unseren) vierten Runde. Die Vierte Runde ist auch der Beginn der Sedimentation. Die Wissenschaft nennt sie ...

---

77 oder „Noah“. Aber der Noah der Bibel ist nur ein Name, geborgt (wie alles heute) durch die Hebräer von der ägyptischen und der Hindu-Kultur.

78 Aber wenn mit dem richtigen esoterischen Schlüssel gelesen, kann Genesis auch auf weit zurück liegende Zeiten wie zum Beispiel bis zum Urknall angewandt werden...

Die PRIMORDIALZEIT [79]

Laurentium[80], Kambrium[81], Silurium[82] (wird 171.200.000 Jahre dauern). Göttlichkeit entfaltet Geist, Geist entfaltet Denken, Denken emaniert Ākāśa (Wurzeläther), Ākāśa entfaltet Äther, Äther entfaltet Luft. Aber all diese kosmischen Veränderungen geschehen unter der Leitung und mit Hilfe einer gewissen Verlangensstruktur[83]. Jehova allein wäre nicht in der Lage gewesen, all das zu vollenden; außerdem hat er (oder sie) viele Male vorher versagt. Oh, Lanoo, es ist für Jehova sehr schwer, seinen Planeten zu beherrschen, genauso schwer wie es für dich ist, deinen physischen Körper und deine Gedanken, Gefühle, dein Verlangen usw. zu beherrschen.

SYMBOL DER ERDE
Ca. 320.000.000 v. Chr.
DER KREIS

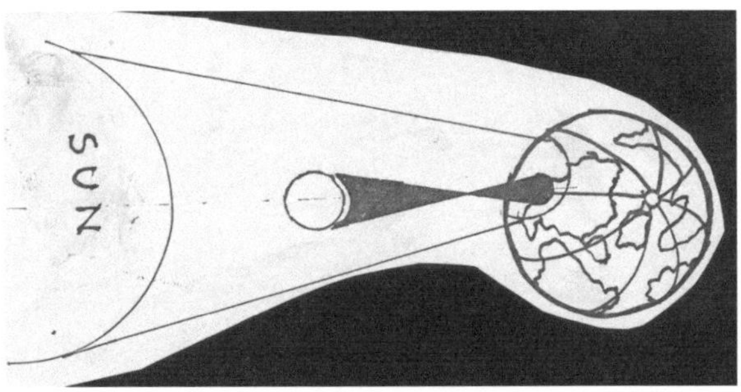

Umkreisungen der Erde um die Sonne pro Jahr: 360, was in 360 Tagen pro Jahr resultiert. Diese Tatsache wurde später in Tempelkrypten und Einweihungskammern gelehrt, was zum Beispiel die Arier veranlasste, den Kreis in 360 Grad einzuteilen. Das wirkliche Erdjahr besteht aus 360 Tagen. Das ist göttliches Gesetz. Aber es gibt einen Planeten und einen Planetenengel, und durch das ganze *BUCH DES LICHTS* hindurch

---

79 Obwohl der Wissenschaft noch unklar ist, was eine ursprüngliche Epoche ist und wie lange sie dauert. Uns nicht...

80 die jüngere der zwei Serien von Felsen des archäologischen (archaen) Systems.

81 erste Anzeichen des Meeres bzw. dessen Tier- und Pflanzenleben

82 Gefunden wo die Siluren lebten (Vorfahren der Walliser)

83 reaktive Kraft (Wesenheit), höher als Jehova

werden wir beobachten, wie und wann die Erde ihre tägliche Rotation beschleunigt, bis es 361, 362, 363, 364 und schließlich 365 + ¼ Tage pro Jahr werden und wieder allmählich auf 360 und sogar 356 pro Jahr zurückfällt. Aber 360 ist das Gesetz, und deshalb hat diese esoterische Tatsache bis heute überlebt in der Einteilung des Kreises in 360 Grad.

Um 320.000.000 v. Chr. war unser Planet ein Feuerball, bedeckt mit einer dicken Schicht dichten Nebels. Alle Lebensformen waren entsprechend ihrer Umgebung strukturiert. Leben braucht nicht unbedingt einen Luft atmenden Körper um zu existieren und um Bewusstsein zu erreichen (siehe anaerobe Bakterie). Oh Lanoo, höre nicht auf diejenigen, die sagen, das Leben wurde „erschaffen“. Seine Energiekeime sind in allem von Anfang an enthalten, von dem Zeitpunkt an, da Brahman im Chaos interagiert. Chaos ist nichtstrukturiertes Leben. Es ist DER GEIST, der strukturiert. Aber die Formen, die später Leben erreichen, sind immer da und existieren immer (sogar bevor eine Manifestation stattfindet) in der Abstraktion.

Ungefähr 60.000.000.000 Monaden schweben in göttlichen Regionen, bereit, mehr Bewusstein auf allen kosmischen Ebenen zu erreichen.

320.000.000 v. Chr. – Göttliche Funken (wir ohne physische Körper) sind bereit auf die Erde und ihre Kette zu reinkarnieren

Alle Elemente[84] sind nichts als „Ergüsse“ der Engel, deren Handlungen „da oben“ Reaktionen „hier unten“ verursachen (Wind, Hitze, Elektrizität, Erdbeben, Blitzschlag usw.)[85]. Die Herren des Karma beziehen nochmals Position in den vier Ecken (Norden, Osten, Süden und Westen). Der Engel und sein Haus (unser Planet Erde) fühlt den Drang der Geister nach neuen Lebensformen. Die Erde möchte zum Boden für den Samen werden. Aber der Engel der Sonne „sagt“ nein zu Monaden, Erde und zu seinem Engel Jehova. Die Erde und die Monaden gehorchten, dem Gesetz folgend, dass die Zeit gekommen sein muss. Aber der Körper des Engels, unser Planet Erde, fühlte stärker und stärker das Bedürfnis, neues Leben zu evolvieren, aus sich selbst heraus zu schaffen! Der Engel ist hilflos, er kann das Verlangen (oder Kāma) seines Planeten nicht kontrollieren. Oh, Lanoo, verliere niemals die Kontrolle über deinen „Planeten“ (physischen Körper) und seine Bedürfnisse (Gefühle, Verlangen, Leidenschaften usw.).

---

84 Namen, die die orthodoxe Wissenschaft verwendet. Die Flüssigkeiten waren damals nicht so beschaffen wie heute. Verglichen mit jetzt war alles NOCH ätherisch-gasförmig.

85 Die atomare und molekulare Struktur dieser „Elemente“ war völlig anders als die der heutigen Elemente.

Die nächsten 171.200.000 Jahre „erschafft“ oder entfaltet sich die Erde aus sich selbst heraus: Weiche Steine werden härter, harte Pflanzen werden weich. Die Erde (nun verdichtet) bringt Lebenskeime hervor, die in der astralen[86] Sphäre des Planeten brüten, um alle Arten von Lebensformen zu erreichen. Insekten erschienen und dann...

... Wassermenschen“ (Watermen)[87], furchtbar und schlecht, aus dem Abschaum und Schleim der (sich nun mehr und mehr verdichtenden) Erde. Menschen mit Fischköpfen, Formen mit zwei und vier Gesichtern. Sie versuchen sich gegenseitig zu verschlingen, sobald sie sich gegenseitig wahrnehmen. Diese Kreaturen sind ein Versagen, weil ohne Geist (monadischer Impuls) oder vielmehr „niederstem“ monadischem Impuls und weil es nichts anderes gibt als Monaden in verschiedenen Bewusstseins-

86 Astral ist ein Zustand der Aura zwischen Energie und Materie.

87 Was wieder einmal beweist, dass die Natur wirklich keine perfekten Formen produzieren kann ohne die Hilfe unterschiedlicher spiritueller, intellektueller und astraler (emotionaler) Kräfte.

zuständen. Oh Lanoo, Materie ohne Geist ist schlecht. OM[88]. Neue Formen evolvierten wieder und wieder aus dem schlammigen Leib der Erde.
Der Engel der Erde bat die anderen Engel um Hilfe. Sie schickten ihre Heerscharen, um die Formen zu vernichten.

Die Schlacht dauerte über eine Million Jahre. Viele Engel starben, weil die himmlischen Heerscharen ihre astralen Vehikel materialisieren mussten, um gegen die „Wasser"-Kreaturen zu kämpfen. Dann erreichte der Engel der Erde wieder langsam die Kontrolle über sein Rad (Planeten), um diese bis zum Ende der Kette niemals wieder zu verlieren, es sei denn, wir jagen unseren Planeten selbst in die Luft (was die Herren des Karma nicht erlauben werden).

---

88 Nichts im Universum, kein Atom und kein Fleckchen Materie ist ohne Geist. Jedes Atom hat seinen Geist und seine Seele. Was der Engel meinte ist, dass Materie, die sich nicht des göttlichen Funkens in sich bewusst ist, von übel ist oder: Die am niedrigsten entwickelten (oder hier unten bewussten) Monaden ohne Bewusstein ihrer eigenen göttlichen Natur und noch nicht unter-stützt von höher entwickelten Monaden oder vielmehr monadischer Reflexion, sind zum Scheitern verdammt oder ziehen Leidensvehikel an.

DIE ERDE UNTERNIMMT EINEN WEITEREN VERSUCH LEBEN AUS IHREM SCHLAMMIGEN LEIB ZU SCHAFFEN, ABER DIE ENGEL ZERSTÖREN ES WIEDER

Viele Tiermonaden, die in Tieren auf dem Mond gelebt haben und die nun auf der Erde in Tieren leben, wechseln vom Tierreich in niederste menschliche Lebensformen. Das ist ein überlappender Prozess, der bereits vor 300.000.000 v. Chr. begann und ein Ende erfährt zum Mittelpunkt der Vierten Runde um 8.960.000 v. Chr. Von da an wird die Tür zum Menschenreich für die Tiere bzw. deren Monaden für lange Zeit geschlossen sein.

Um 300.000.000 v. Chr.

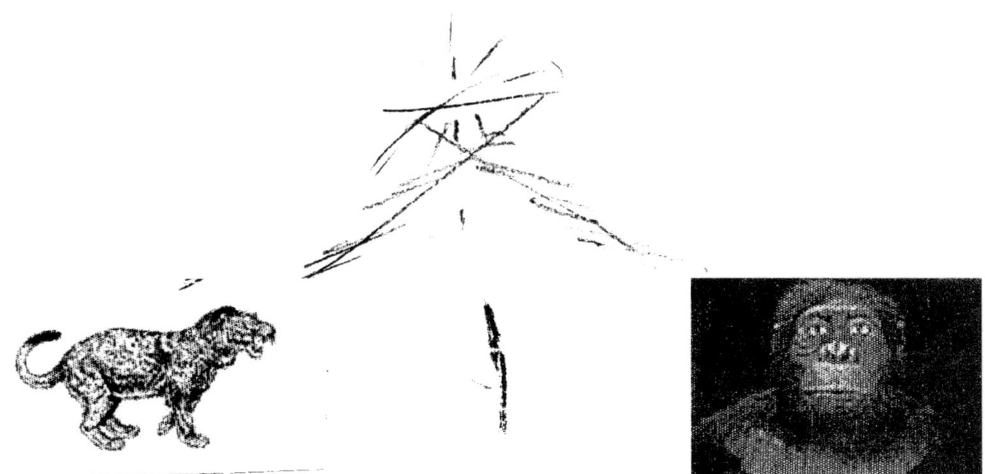

Tier
(im Tierreich)

Monadischer
Quantensprung

niederste menschliche
Lebensform
(im Menschenreich)

„Der ältere Sohn" im Gleichnis des „verlorenen Sohnes"

„Älter", weil länger auf der Erde als jene Monaden, die bereits auf dem Mond menschlich waren und 8.960.000 v. Chr. in die frühe atlantische Rasse eindrangen, also zum Mittelpunkt der Vierten Runde, jedoch auch früher.
Sie sehen nun, warum Darwin & Co. irrten und irren. Ein Tier kann niemals durch Evolution menschlich werden. Es ist die Monade im Tier, die, wenn die Zeit gekommen ist, ins Menschenreich wechselt. Um 300.000.000 v. Chr. entwickeln sich Absonderungen der Astralmenschen zum astral-zytoplasmischen Dinosaurier. (Das Prä-Säugetier links beweist diesen Prozess). Höhe von Astralmensch und Tier: ca. 200 Fuß und mehr.

Mehr Beweise für die Tatsache, dass es vor dem Erscheinen der Siebenten menschlichen Wurzelrasse Leben (halb menschlich, halb Tier) auf der Erde gab

-Gibt es andere Schriften, welche diese Lehren beweisen? -Ja, die chaldäischen Schriften der Erschaffung zum Beispiel. Obwohl von Eusebius verfälscht, retteten einige griechische Autoren wie Apollodorus, Alexander Polihistor usw. einige dieser Aufzeichnungen. -Sind die Wasserkreaturen und Monster nicht Beweis für die Tatsache, dass die Natur in der Lage ist, Leben zu erschaffen ohne die Hilfe des Geistes? -Ja, aber es ist eine Lebensform a la „Frankenstein-Monster" und nichts weiter. Höhere Prinzipien sind erforderlich, um Menschen zu schaffen. Alles, was die Natur tun kann, ist, die ersten zwei Reiche (Mineral- und Pflanzenreich) zu schaffen und dann das niedere Tierreich. Der Rest erfordert die Hilfe der „höheren" Monaden. Eine weitere Schrift, die die Wasserkreaturen erwähnt, ist *„The book of the Dead" (Das Buch der Toten*). In all diesen Schriften geht man davon aus, dass diese „Misskreation" zerstört wird, bevor der wirkliche Mensch auf der Erde erscheint. Welten, ursprüngliche Welten, die entstanden und unverzüglich wieder zugrunde gehen, sind im Zohar erwähnt. Der Rabbi Abahu erwähnt im Bereschith Rabba, IX: „Das Heilige Eine hat verschiedene Welten erfolgreich erschaffen und zerstört, bevor es mit der Gegenwärtigen erfolgreich war." Nun verstehen wir Genesis 1, 31: „Diese stellt mich zufrieden." Was beweist, dass andere Versuche gemacht worden sind, jedoch scheiterten und zerstört wurden. -Was zeigen die keilförmigen Inschriften der chaldäischen Fragmente der Kosmogenesis? -Monster und Menschen sind zwei verschiedene Kreationen. Die Monster wurden zerstört, weil sie ein Versagen darstellten. -Was können wir in der Kabbala über diese ersten Misskreationen finden? -Sie sagt das Gleiche (siehe *„Die Kabbala,*" Zohar, Siphrah Dzeniouta in Jovah Rabbah, 128a usw.). -Wie trennt der chaldäische „Fisch-Mensch" seine Kosmogenesis und Entstehung? -Der „Fisch-Mensch" ist natürlich ein Symbol für Monstermenschen (und für mehr). Die chaldäische Entstehung wird hier in zwei Abteilungen unterteilt: I. Der Abgrund von Dunkelheit und Wasser (mit einer scheußlichen Wesenheit darin - Kombinationen von Mensch und Tier)[89]. II. Der wahre Mensch. -Warum erwähnt die Sage von der Erschaffung aus den Cutha Schriften, dass die großen Götter, nachdem sie die Monster abgeschlachtet haben, Menschen erschufen mit den Körpern von Vögeln? Sollten sie nicht zu Besserem in der Lage sein? -Diese „Menschen mit den Körpern von Vögeln" sind nicht einfach wie andere Monster, sondern eine symbolische Beschreibung für die Erschaffung der primären Ätherkörper des Menschen. Sie waren, wie *DAS BUCH DES LICHTS* uns lehrt, in der Lage, sowohl zu gehen als auch zu fliegen, aber sogar

89 Hunde mit dem Schwanz von Fischen, Bullen mit Menschenkopf, menschliche Wesen mit zwei Köpfen, mit Beinen und Hörnern einer Ziege, (Ziegenmenschen), Hippocentaurus, Menschen mit Flügeln usw. Sie sind auch in uralten chinesischen Schriften erwähnt (Shan-Hai-King usw.).

sie wurden zerstört[90], was bedeutet, dass sie in andere perfektere Astralformen evolvierten und dichter und dichter wurden.

Ca. 148.800.000 v. Chr. (Primär)
Das Erscheinen des ersten Kontinents, später Nordpol genannt.
Die Göttliche Rasse.

Sie nennen es „Das unvergängliche heilige Land“, weil es bis zum Ende des Lebens auf der Erde um ca. 2 Milliarden n. Chr. andauern soll. Geister aus der Region der Polsterne bereiten sich auf ihre Reinkarnation vor. Sie werden herabsteigen aus sieben Zonen aus der damals noch nicht dichten Formation dessen, was später der Nordpol

90 Das größte Problem der orthodoxen Wissenschaft besteht darin, zu akzeptieren, dass es eine astrale Evolution vor der physischen Entwicklung gab.

werden wird. Diese Lehre überlebte in den alten Schriften des Popul-Vuh, den sieben Familien wie erzählt von Sahagun und Clavigero, den sieben Höhlen, aus denen die Vorfahren des Nahuatl aufgetaucht sein sollen, den sieben Städten. Der Polarstern ist die Heimat vieler von uns, oh Lanoo.

DER ERSTE KONTINENT WURDE VON DER GÖTTLICHEN RASSE[91] BEWOHNT AUF SIEBEN ZONEN[92]

Diese göttliche Rasse jedoch war bereits geteilt in sieben Wurzelrassen, von denen die erste Wurzelrasse (mehr als die anderen) auf ihren ersten Kontinent strömte, die zweite auf den zweiten Kontinent usw. Aber immer und zu jeder Zeit sind die sieben Wurzelrassen in Samenform vorhanden.

Sie sind göttlich, sind sich dessen auf den niederen Ebenen aber nicht bewusst, weil das Denken als Verbindungsglied fehlt. Hatten sie doch bis jetzt nur ein empfindungsloses Modell (das astrale) für den späteren physischen Körper, so brauchen sie das Denken, um das Universum zu erobern.

Die Stunde hatte geschlagen für die Patriarchen, die während des Zeitalters der Finsternis zwischen der 3. und 4. Runde auf dem Planeten verblieben sind. Nachdem sie ihre Astralkörper (oder astralen Monaden) den anderen (späteren menschlichen) Monaden geopfert haben, zogen sich die Monaden der Patriarchen nach NIRVĀNA zurück (wo nur die höchsten überleben und die niedersten sind NIRVĀNA bzw. ausgelöscht). Diese Astralkörper enthalten die menschlichen Sinne im Keim bzw. noch unentwickelt.

Wichtig: Es sind die astralen Sinne, die sich zuerst entwickeln, die physischen Sinnesorgane folgen. Oder: Es gibt ein astrales Auge vor dem physischen Auge, ein astrales Ohr vor dem physischen Ohr usw. Die physischen Sinne oder Sinnesorgane der späteren physischen Menschen entstehen über bzw. gemäß der astralen Sinnesorgane. Oder: Der physische Körper ist nichts weiter als eine Verlängerung des Astralkörpers.

---

91 Engel, Atma-Buddhische Wesenheiten oder Monaden, die auf ihre astralen und mentalen Vehikel warten (einige von ihnen hatten bereits Astralkörper erhalten).

92 Das Wissen über die sieben Zonen überlebte esoterisch versteckt in den alten Popul-Vuh Schriften, die die sieben Höhlen und sieben Städte erwähnen, aus denen die Vorfahren des Nahuatl aufgetaucht sind.

Um 250.000.000 v. Chr.
DIE GEBURT DES HEUTIGEN ASTRALKÖRPERS
Der Patriarch[93] opfert sich selbst in kreisförmiger Bewegung

Das Gesetz zwingt alle Planetenengel, die Monaden (unsere höheren Selbst...) mit Bewusstsein auszustatten. Die Stunde hatte geschlagen. Die Planetenengel zögern. Die Herren des Karma beobachten. Aber sie (die anderen Planetenengel und ihre Träger) zögerten immer noch. Sie sahen die Formen und entschieden: „Sie sind noch nicht soweit“.

ERKLÄRUNG

Wie bereits erwähnt, sind Monaden spirituelle Kraftzentren, die in Gruppen erscheinen, bis sie (durch Erfahrung über Millionen von Jahren) immer individualisierter wurden, bis sie aus der Gruppe ausbrechen und ab diesem Moment Bewusstsein nur durch die menschliche Form erreichen, die sie später auch ablegen und sich zurück entwickeln in „das Absolute als reine Geister“ und/oder göttliche Bewussteinszentren.

---

93 Diese Astralwesen oder lunaren Pitris oder Mondgeister sind unsere astral-physischen Vorfahren und voller kreativer Leidenschaft oder kreativen Feuers und werden deshalb später in den Veden „heiliges Gras“ oder „heiliges Feuer“ (der Fortpflanzung) oder „Barhis“ genannt. Barhis plus Sad oder symbolisch gesehen „sitzen“ (auf dem Feuer) ergibt den namen „Barishad“.

Nichts IST wirklich, oh Lanoo. Du bist dies, du bist jenes, und schließlich bist du einfach nur AUM. Warum verdichtete oder verflüssigte sich die Erde? Wegen Brahmā? Wegen des Erdengels? Nein. Wegen des Verlangens! Brahmā und die Planetenengel sind nur Kanäle für dieses Verlangen. Und dieses Verlangen oder Gesetz ist siebenfältig und bestimmt für alle Globen die Änderung der Struktur, bis ein gewisser Zustand der Verdichtung erreicht ist, als Betätigungsfeld für die Planetenengel sozusagen. Oder wir würden sagen, Globen verändern ihre Struktur, so dass ihre führenden Geister auf diese Art ihre spirituellen Muskeln stärken und mehr und mehr Kontrolle über ihre Planeten erhalten. Brahman muss die Kontrolle über das Universum erfahren, oh Lanoo, alle Brahmās über ihre Engel (7 Strahlen usw.) und Solarsysteme und du, oh Lanoo, musst die Kontrolle über deinen Planeten (wieder)erlangen, der dein physischer Körper ist mit all seinen Gedanken, Gefühlen und Verlangen. OM. Fühlt dein physischer Körper nicht manchmal den Zwang, „furchtbare Wassermenschen“ hervorzubringen oder ziemlich wilde, unkontrollierte Sehnsüchte und Verlangen? Wie oben so unten. Oh Leser, zähme diese Tiere in dir, studiere *DAS BUCH DES LICHTS,* lege dein Verlangen ab und erreiche Befreiung. OM.

Lasst uns die Grundsätze der Mānasaputras wieder einführen und ihre Funktion auf Mond und Erde. Die meisten von uns (jetzt im 21. Jahrhundert) und auch um 18.000.000 v. Chr., als die Körper oder Formen (Rūpas) mehr astral als physisch waren, die meisten von uns waren (und sind) die Tiermonaden von Menschen vom Mond, die während der letzten oder 7. Runde auf dem Mond Dhyān-Chohans geworden waren. Wir bzw. die meisten von uns waren Tiermonaden von Mondmenschen. Tiermonden, aber keine Tiere, denn sogar ein Dhyān-Chohan trägt einen Tieraspekt in sich[94], aber dieser Tieraspekt bzw. die Tiermonade ist so hoch entwickelt, dass sie geradezu perfekt ist und dazu bestimmt, auf der nächsten Kette Menschlichkeit zu erreichen. So ist die Situation genau jetzt, und so war sie um 18 Millionen v. Chr. Wir sind die Tiermonaden der Mondmenschen. Und die Tiermonaden in uns werden ein menschliches Wesen auf der nächsten Kette hervorbringen. Wir sind die Tiermonaden von Mondmenschen, die während der 7. Runde auf dem Mond Dhyān-Chohans wurden. Unglücklicherweise zögerten viele dieser Dhyān-Chohans, deren karmische Pflicht es gewesen wäre, und das Denken zu geben oder sich einfach mit uns wiederzuvereinen auf dieser Erdkette. Der Grund für dieses Zögern wird durch das ganze *BUCH DES LICHTS* hindurch gegeben. Als sie uns schließlich das Denken gaben, war es fast zu spät, und das Resultat ihres Zögerns sieht man in der katastrophalen Situation auf der Erde heute: Kriege, Krankheiten, Korruption, Umweltverschmutzung usw. Und wer waren diejenigen aus den astralen Rassen, die das Denken fast SOFORT erhielten? Sie waren und sind die Tiermonaden höher entwickelter Mondmen-

---

94 Jedes menschliche Wesen hat auch Tiermonaden. Sie bilden seinen Kāma- oder Verlangensteil.

schen bzw. von Wesenheiten, die bereits auf dem Mond Dhyān-Chohans waren. Diese höher entwickelten Dhyān-Chohans haben ihre Tiermonaden ausfindig gemacht, die dann natürlich die Menschheit (ein kleiner ausgesuchter Teil von ihnen) auf der Erde waren. Die höher entwickelten Chohans warteten nicht (wie die anderen), bis die astralen und später verdichteten Vehikel (oder Kreaturen) zu sehr mit fleischlichem Verlangen verdorben sein würden. Sie (die Chohans) gaben das Denken (oder SICH SELBST) viel eher als jene, die zögerten und folglich war es einfach für sie, ihre physischen Körper bzw. die Tempel von Gott zu dominieren. Das Denken herrschte über die Materie. OM. Und unsere Tiermonaden in uns heute? Die Tiermonaden, nicht die Tiere, kümmern sich um dich. Das Kāma oder der Tierteil in uns heute oder unsere Tiermonaden werden auf einer anderen Kette ein menschliches Wesen sein (oder eins verursachen)[95]. Und der dann entwickelte mentale Teil in uns wird dieses menschliche Wesen auf einer anderen Kette erleuchten. Das ist unsere karmische Pflicht. Wir werden die Mānasaputras unserer eigenen Tiermonaden sein oder werden und bis zu einem gewissen Grade sind wir schon die Mānasaputras unserer eigenen Tiermonaden. Oh Lanoo, je mehr Kontrolle du jetzt über deine Tiernatur hast, desto weniger leidest du auf einer anderen Kette. Deshalb wiederhole ich immer und immer wieder: Beende, falls Du schnellen Erfolg willst, alle sexuellen und anderen weltlichen Aktivitäten und studiere *DAS BUCH DES LICHTS.* Es wird dir eine Menge Leiden in diesem, aber auch in einem anderen Leben ersparen. Erlaube deinem astralen und physischen Körper nicht, sich durch Rock, Rap und Popmusik und durch nicht-vegetarische Lebensmittel beeindrucken zu lassen. OM. Auf diese Art und Weise werden wir am Ende der 7. Runde auf dieser Erdkette (hoffentlich) Dhyān-Chohans werden. Dann werden wir „...die Mānasaputras der Menschheit der nächsten Runde, die jetzt Tiermonaden sind, sein“ [96] (Dr. de Purucker) oder jene Monaden in uns, die unser Kāmarūpa bilden.

Bis jetzt haben wir etwas über den Ursprung des Lebens, des Universums und der Rotation gehört. Dann erschienen die Götter und umgaben sich mit Galaxien, Solarsystemen, Planeten, Pflanzen, Tieren und ... uns. Wenn ich „uns“ sage, dann meine ich uns als physische Körper. In Wirklichkeit gab es den spirituellen Menschen zuerst (vor dem Tier). Aber als die Monade von den verschiedenen Engelskräften eingekleidet werden musste, versagten sie (schließlich) alle. Es war eine untergeordnete[97] Engelsmacht, die Herren der Abenddämmerung, die zuerst gehorchte.

---

95 Wenn auch nicht notwendigerweise auf der Kette, die sich aus der Erdkette entwickelt.

96 Um klarzustellen, dass die Tiermonade im Menschen kein Tier ist, könnten wir auch den Begriff „MENSCHLICHE Tiermonade“ verwenden.

97 Es erscheint wie ein Paradoxon, dass die niederen Engel zuerst dem Ruf des Karma folgten, Menschen zu „schaffen“. Und weil sie zuerst kamen, sind unsere niederen Prinzipien oft stärker auf dieser physischen Ebene. Die höheren Mächte kamen später, was in uns den ewigen Kampf zwischen „Gut und Böse“ hervorruft.

Blavatsky schreibt: „Die wahre Ursache organischen Lebens ist die Tendenz des Geistes, in festen Formen zu materialisieren, sich selbst in eine festere Wirklichkeit zu kleiden. Es ist die höchste Form, welche die vollständige Erklärung des Niederen enthält, niemals die Umkehrung“ und „Jedes neue Manvantara bringt die Erneuerung der Formen, Typen und Arten mit sich“. Jeder Typ der vorausgegangenen organischen Formen - Pflanze, Tier und Mensch - verändert sich und wird in der nächsten Runde (der vierten) vervollkommnet, sogar das Mineral, das in dieser Runde seine endgültige Undurchsichtigkeit und Härte erreicht und dessen weichere Teile die gegenwärtige Vegetation gebildet haben; die astralen Relikte vorausgegangener Flora und Fauna wurden verwendet bei der Entstehung der niederen Tiere und bestimmen die Struktur der urzeitlichen Wurzeltypen der höchsten Säugetiere. Und schließlich wurde die Form des gigantischen Affen-Menschen (aber nicht Affen!) aus der früheren Runde in diese (4. Runde) reproduziert durch menschliche Bestialität (Mensch hatte Sex mit Tieren) und in die Elternform des modernen Anthropoiden transferiert. Mit anderen Worten: Der Affe stammt vom Menschen ab und nicht der Mensch vom Affen.

Diejenigen, die gehorchten, waren die „Herren der Abenddämmerung“, die sich selbst „opferten“, indem sie die Monade ausstatteten mit dem, was sie zu geben hatten: niederes Bewusstsein. Die Sinne (Sehen, Fühlen, Hören, Riechen, Schmecken) existierten in den vorhergehenden Zuständen im Keim oder in der Vorstellung, und sie werden sich in dem vollendeten Astralkörper entwickeln. Wichtig: Die äußeren Organe des Sehens, Fühlens, Hörens, Riechens, Schmeckens von heute (21. Jhd.) sind nicht die Sinne und nicht einmal die wirklichen Organe. Die äußeren Organe von heute sind nichts als Vermittler zwischen der äußeren Welt und unseren astralen Sinnen und ASTRALEN Organen. Der wirkliche Mensch ist immer der astrale Mensch, unterstützt von den Monaden, und die wirklichen Organe sind immer astral, nie physisch.

NUN WURDE DIE MONADE AUSGESTATTET MIT

I. ASTRALEM BEWUSSTSEIN von den Mondgeistern (Barhishad). Von nun an, aber auch vorher, gehen allen semi-physischen und später physischen Sinnesorganen immer astrale Sinnesorgane voraus.
II. PHYSISCHEM BEWUSSTSEIN vom Engel der Erde.
III. BEWUSSTSEIN DES NIEDEREN DENKENS von den Herren der Abenddämmerung[98].

98 Verstehe, oh Lanoo, Abenddämmerung ist zwischen Bewusstsein und Nicht-Bewusstsein und dort wohnen die Herren der Abenddämmerung.

Die Monade ist pure Erleuchtung, emaniert aus dem Unbekannten, aber die Monade weiß es nicht, bis sie eine befreite Monade ist. Die Monade „vergaß", wer sie (es) ist, und zwar von dem Moment an, da sie die materielle (Erd)-Ebene berührte[99]. Wenn du einmal weißt, wer du nicht bist, oh Lanoo, dann bist du BEFREIT, weil du dann pure Erleuchtung bist (wieder bist). Der Planet (Erde) hatte noch keine Atmosphäre, weil da (noch) niemand war, sie zu atmen. OM. Die Atmosphäre ist verursacht von den Geschöpfen und die Geschöpfe von der Atmosphäre.
Es gibt keine Teilung der Gewalten. OM. Es ist die erste ätherische Rasse[100], die gemeint ist, wenn wir in Genesis, Kapitel II, über Adam im Paradies lesen, bevor seine Augen geöffnet wurden oder vor der Teilung der Geschlechter in männlich und weiblich um 18 Millionen v. Chr. Der Adam von Kapitel I Genesis war der Logos. OM.

DIE SIEBEN WURZELRASSEN DER VIERTEN RUNDE
Die Rassen überlappen sich.
Reihenfolge: Jede Rasse beginnt am Mittelpunkt (4. Unterrasse) der vorausgegangenen Rasse

DIE ERSTE UNTER DER SONNE GEBORENE MENSCHLICHE WURZELRASSE
um 135.000.000 v. Chr.

Sieh einige Zeitgenossen der (zukünftigen) menschlichen Astralrassen. Diese Zeitgenossen sind die (späteren) Tiere, ausgeschiedene Monaden ätherischer Menschen aus der vorigen Runde, selbst immer noch astral und alle 100-300 Fuß groß, mit einem rotierenden Bewusstseinszentrum, nun ein schwaches Bewusstsein erlangend, das das höchste von allem ist...
Aber in Wahrheit, oh Lanoo, gibt es kein oben oder unten. Wann immer du auf das Höchste zeigst, zeigst du auf das Zentrum, in dem BRAHMAN wohnt[101].
Das rotierende Energiezentrum erschien später auch in vielen ausgeschiedenen astrogelatineartigen Geweben der Selbst- und Schweißgeborenen und verursachte Pflanzen und Tiere mit den gleichen „Organen" des Bewusstseins. Alles kommt vom Menschen, oh Lanoo.

---

99 Oder: Von dem Moment an, da die Monade ihre (unser alle) Quelle, die Parabrahman-Nirvāna ist, verließ.
100: Oder der himmlische Mensch. Er soll nach dem „Bild und Ebenbild Gottes" sein und die Manifestation des nichtmanifestierten Brahman sein, der sich nach der Reflexion zurückzog in...
101 Mit anderen Worten, du sollst Gott niemals dort draußen erreichen oder erfahren. Der wahre Eingang oder Zugang zum Reich Gottes besteht darin, tief in dein Innerstes vorzudringen, zum Beispiel während der Seelenatem-Meditation.

ASTRALE FEINSTOFFLICHE (UND SPÄTER FESTE)[102] WURZELFORMEN DER PFLANZEN UND TIERE
(Vor ca. 135.000.000 Jahren)

Krebs	**Trilobit**	**Gastropode**
 astral	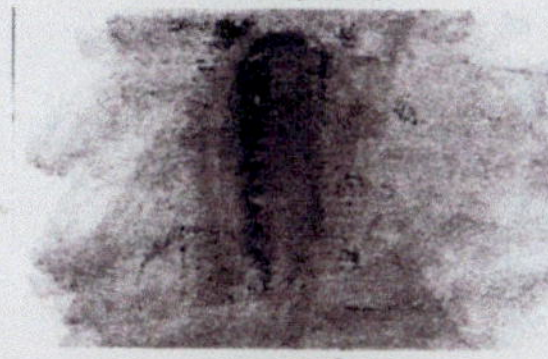 astral	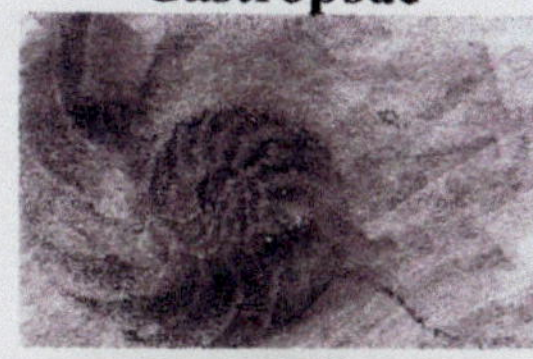 astral
 fest	 fest	 fest
Onychophoran	**Kopffüßer**[103]	**Placoderm**
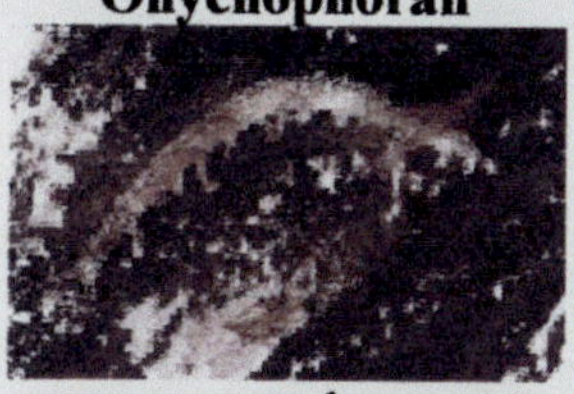 astral	 astral	 astral
 fest	 fest	 fest

Wie schon gesagt: Diese Formen waren alle feinstofflich-astral oder zwischen astral und fest und erreichten „feste" Struktur nicht vor schätzungsweise 100.000.000 v. Chr.

102 Ihre astralen Gegenstücke überlebten bis heute (21. Jahrhundert).

103 Höchste Klasse der Weichtiere oder später Wirbellosen. Körper geteilt in drei Abschnitte, verbunden durch Gelenke. Wirbellos.

Pflanzenformen, Korallen und Muscheln (noch astral), hier dargestellt in ihrer astralen Form, erschienen zuerst astral (wie die Tierformen) und sind ätherische Reste (ausgeschieden vom ätherischen[104] Menschen) der Runden vorher. Sie erscheinen (astral und fest) gleichzeitig mit der Tier- und Menschenform.

Astrale (und später feste) Wurzelformen von:

Seetang	Tassenkoralle	Meereslilie	Erste Landpflanzen
 astral	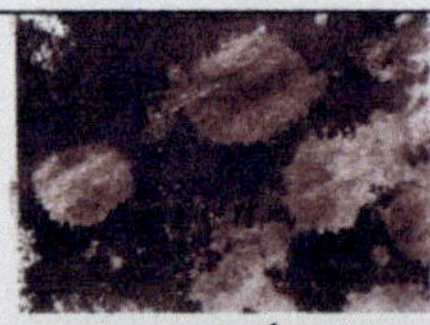 astral	 astral	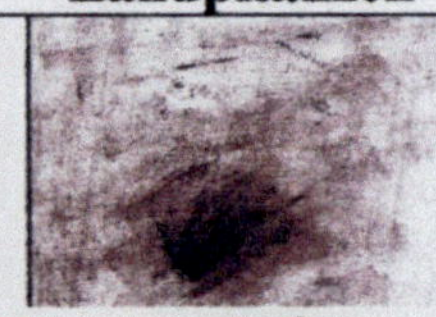 astral
 fest	 fest	 fest	 fest
Muscheltier	**Koralle**	**Schwämme**	**Zosterophyllum**
 astral	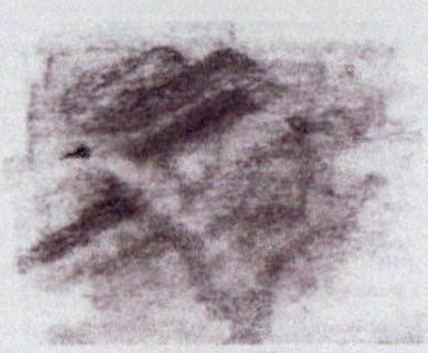 astral	 astral	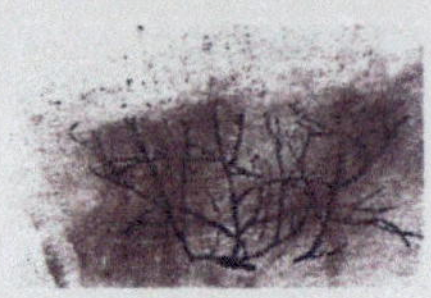 astral
 fest	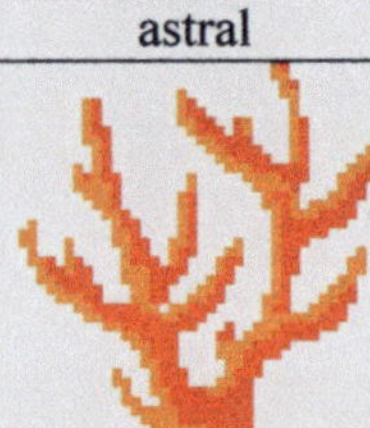 fest	 fest	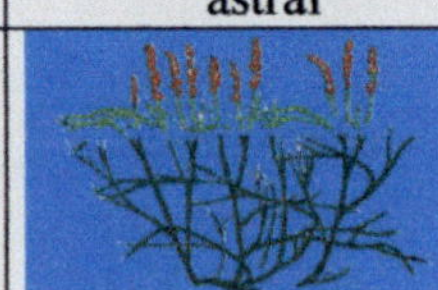 fest

104 Ätherisch, was in diesem Falle bedeutet, feiner als astral.

Einige Lebensformen sind gleichaltrig mit der schweiß- oder später Ei-geborenen Rasse. Diese Lebensformen befinden sich noch zwischen astral und Materie[105] und verfestigen sich viel später. Alle Lebensformen sind bis zu 100 Fuß hoch.
Tiere und Menschen erreichten zuerst feste Struktur. Dann atmeten sie Kohlendioxid aus, welches eingeatmet und assimiliert wurde von der sich damals verdichtenden Vegetation für ihre Entwicklung, Ernährung und ihr Wachstum. Die Vegetation atmete Sauerstoff aus, der dann von Mensch und Tier eingeatmet wurde, und so schloss sich der Kreis.

PFLANZENFORMEN

Farn	Kletterpflanze	Skalabaum	Samenfarn
 astral	 astral	 astral	 astral
 fest	 fest	 fest	 fest

Dieser noch ätherisch-feinstoffliche Prozess, Pflanzen im Pflanzenreich entstehen zu lassen, wird stimuliert (die Monade im Pflanzenatom) vom zweiten, vierten und sechsten Strahl. Ihr Ziel: Perfektion des Magnetismus (2. Strahl), der Farbe und Farbharmonie (4. Strahl) und des Wachstums zum Licht (6. Strahl). Da der 2. Strahl der Strahl der Liebe und der Weisheit ist, der 4. der der Harmonie durch Konflikt, der 6. der der Ergebenheit und des Idealismus können wir sagen, dass das Pflanzenreich und die Pflanzen (Gräser, Früchte, Blumen usw.) die direkte Manifestation und Repräsentation des Konflikts, aber auch der Liebe und der Weisheit, der Harmonie, Ergebenheit und des Idealismus oder ein Bewusstseinszustand (hauptsächlich des Verlangens zu sein), sind, der bereits im Mineralreich (oder 1. und 7. Strahl) begann. Dann wird das Bewusstsein ins Tierreich emporgehoben (siehe „Die ersten Säugetiere).

105 Astral-Pudding, wenn du so willst.

Um 132.000.000 v. Chr.

Von nun an gab es keine wesentlichen Veränderungen für diesen Planeten[106], aber es wird Pralayas oder die Vernichtung der gesamten Erdoberfläche durch Feuer, Wasser, Wind und Erdbeben geben, all das (bzw. das meiste davon) verursacht durch Irritation des elektromagnetischen Feldes der Erde[107]. Die „sieben Häute", in denen sich die Erde jetzt befindet, sind geologische Veränderungen, die sich parallel zur Evolution der Sieben Wurzelrassen ereignen.

---

106 Zum Beispiel: Keine Veränderung der Entfernung zwischen Mond, Sonne und Erde für lange Zeit. Aber diese Veränderungen werden kommen.

107 Jeder Missbrauch von Kundalini hat eine Auswirkung auf das elektromagnetische Feld unseres Planeten.

JEHOVA UND SEIN ENGELHAFTER BODYGUARD[108] FRISCHEN DAS GEDÄCHTNIS DER ERSTEN WURZELRASSE AUF

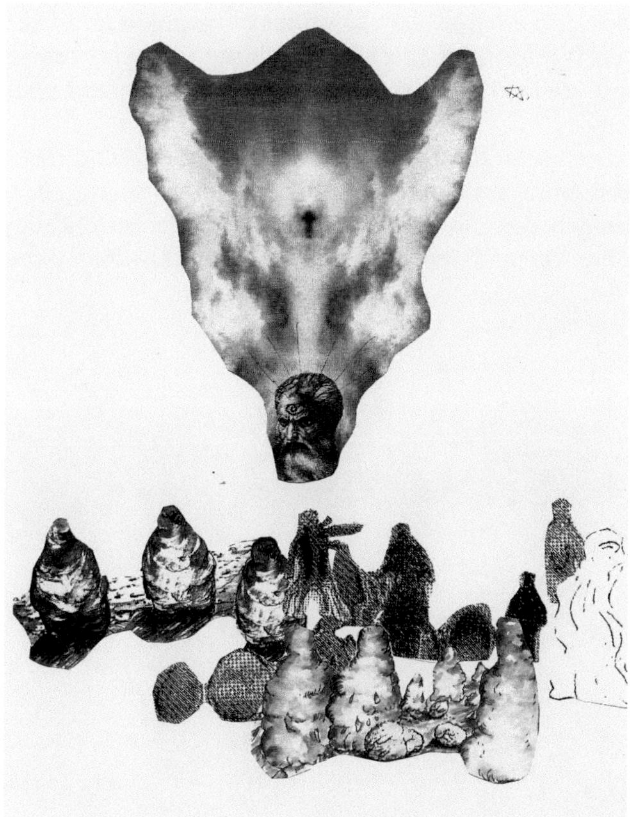

Jehova, Geist der Erde oder ihr Planetenherrscher, macht zu Beginn[109] der Vierten Runde das, was wir zu Beginn aller vorausgehenden Runden, sei es auf der Erde oder auf dem Mond, gemacht haben. Er mischt sich, assistiert von anderen Trägern, mit den „Menschen" der ersten Wurzelrasse, indem er ihnen die Wahrheiten der früheren Runden, die sie möglicherweise vergessen haben, enthüllt.

---

108 Buddhas des Mitleids (ohne physische Körper), die ihre erhabenen Sphären verlassen haben sich zu manifestieren, zu lehren und dann wieder zu verschwinden.

109 „Beginn" bedeutet immer in verschiedenen Schritten, bis zirka 148.000.000 Jahre oder fast ein Drittel der Runde vergangen sind.

Um 130.000.000 v. Chr.
ERSCHEINEN DES ZWEITEN KONTINENTS

Er wird auch der „hyperboräische" Kontinent[110] genannt und DAS LAND DER GÖTTER, das keinen Winter, aber „ewigen" Frühling (damals) kennt. Überreste des zweiten Kontinents: Grönland und Spitzbergen. Dieser Kontinent bedeckte auch alles, was heute Nordasien ist.
Sieh, der hyperboräische Kontinent, Land der Schweiß- und Ei-Geborenen, Bewohner ca. 100 Fuß groß. Sie waren co-existent mit den noch androgynen Dinosauriern: Dinosauriere entspringen dem abgesonderten Zellgewebe der androgynen (menschlichen) Rasse, wie die meisten anderen Tiere um 100.000.000 v. Chr., aber auch viel früher.

Aeschylus beschreibt die Ei-Geborenen als: „Sehen – sie sahen vergeblich; hören – sie hörten nichts; aber wie schattenhafte Formen in Träumen scheinen für lange Zeit alle Dinge planlos vermischt." Beide Arten, Dinosaurier und Menschen, sind immer noch aus protoplasmischem Material (keine Nerven, keine inneren Organe). Sie kondensieren (also verdichten) mehr und mehr bis zur Sekundärzeit um 50.000.000 v. Chr. (Zeitalter des Dinosauriers).

110 Vergrößerter Nordpol, der sich südwärts und westwärts vom Nordpol ausweitet. Der Name wurde von den alten Griechen gegeben. Apollo, der „hyperboräisch Geborene", reiste jedes Jahr dahin. Apollo ist die Sonne, die für ein halbes Jahr nicht untergeht.

DIE ZWEITE UNTER JUPITER GEBORENE RASSE (Brihaspati)

(Die zweite oder selbstgeborene Rasse. Sie entwickelten sich aus der ersten astralen oder Chhaya Rasse durch Knospung).

(Erscheinen des ersten Zoroaster. Dieser Zoroaster reinkarnierte 14 Mal bis heute (21. Jhd.). Der letzte Zoroaster gründete den Feuertempel von Azareksh und schrieb die Werke der urzeitlich heiligen magischen Religion, später zerstört von Alexander.

Schritt 1

Ein Teil des Astralen im Inneren der Aura oder des aurischen Eis, das ätherisch war (wie es heute mit jedem von uns ist), näherte sich der Oberfläche der Aura. Diese Methode der Reproduktion (oder Selbst-Zeugung) hat bis heute überlebt in vielen Pflanzen, wie zum Beispiel der Seeanemone. Das ist die Methode der Knospung. Andere Methoden sind: Sporen und Hermaphrodismus bei Pflanzen, Würmern, Schnecken).

Schritt 2

Ein Teil des Astralen durchbricht die Oberfläche der Aura und wird subastral. Dieses esoterische Wissen degenerierte später zur religiösen Lehre oder: Eva wurde erschaffen aus Adams Rippe. Sage ‚Astral-Rippe' anstatt ‚Rippe' und dann ist sogar die Definition der Bibel richtig.
Der ganze Prozess, jedoch wissenschaftlicher erklärt: Vergleiche ihn mit der Teilung einer Nuklearzelle: (a) der Zellkern zerspringt in zwei Sub-Kerne (Schritt 1), (b) die zwei Sub-Kerne entwickeln sich entweder in der ursprünglichen Zellwand (lebendgebärend) oder sie durchbrechen die Zellwand, vermehren sich außerhalb (Eier legend), was zu dem oben genannten Schritt 2 führen würde. Schritt 1 betrifft die erste Wurzelrasse und Schritt 2 ist charakteristisch für die zweite Wurzelrasse.

Schritt 3

Das Sub-Astrale wird von der Aura oder seiner Elternstruktur genährt und wächst zu ihrer ursprünglichen Größe[111]. Periode der Schwangerschaft: 15 weltliche Jahre.

Schritt 4

Wenn das Sub-Astrale einmal zur vollen Größe herangewachsen ist, sondert es in der Zeit der Reproduktion von sich selbst ein anderes Sub-Astrales ab und so weiter. Deshalb sagt man, die zweite Rasse sei unsterblich. Und weil damals (mehr als 100.000.000 v. Chr.) die später erste und einzige zweite Rasse kein Kāma oder Verlangensprinzip hatte, geschah die Reproduktion dieser Chhāya-Rassen unbewusst.

---

111 Der Astralkörper innerhalb der Aura war noch nicht so geformt wie es unser Astralkörper heute ist, einfach deshalb, weil das wachsende Verlangen noch keinen physischen Gegenpart verursacht hat. Die Wesenheit hatte 360° Sinneswahrnehmung.

Dieser Modus der Selbst-Zeugung dauerte viele Millionen Jahre und überlebte in einigen Pflanzen und Amöben bis heute. Ein Vergleich, wie die erste Wurzelrasse die zweite Wurzelrasse evolvierte, kann gefunden werden, indem man eine Zelle unter dem Mikroskop beobachtet. Ich zitiere Helena Petrovna Blavatsky, *Geheimwissenschaften II, Anthropogenesis*, S. 117: „Betrachte die ersten Phasen der Entwicklung einer Keimzelle. Ihr Kern wächst, bildet einen Doppelkegel oder eine Spindel innerhalb der Zelle. Diese Spindel nähert sich der Oberfläche der Zelle und eine Hälfte davon wird abgesondert in der Form, die wir ‚Polarzellen' nennen. Diese Polarzellen sterben nun, und der Embryo entwickelt sich durch das Wachstum und den Zerfall der verbleibenden Teile des Kerns, der durch die Zellsubstanz genährt wird. Denn warum können am absoluten Beginn der Evolution von Menschen und Säugetieren Wesenheiten nicht auf diese Art gelebt haben und auf diese Art und Weise geschaffen worden sein? Das könnte vielleicht als Analogie dienen, eine Vorstellung von einem Prozess zu geben, in dem die zweite Rasse aus der ersten entstanden ist[112]". Ende des Zitats. Aber womit kann der Tod der Polarzellen verglichen werden? Zum Beispiel mit der Trennung der Geschlechter, als die Zeugung sich von außerhalb in den Uterus verlagerte. Aber das ist ein grober zeitlicher Umriss dessen, was um 100.000.000 v. Chr. geschah, denn Blavatsky lehrt uns: „Der Prozess der Reproduktion hatte sieben Schritte und dauerte Äonen". Dann produzierten die Selbst-Geborenen (später zweite Rasse)

DIE SCHWEISSGEBORENE MENSCHLICHE RASSE (3. Rasse)
(Um 100.000.000 v. Chr. und früher)

Die Astralen der Schweißgeborenen hatten sich zu gelatineartigen astralen ‚Puddingbeuteln' kondensiert. Ihre Körper wurden von dem geformt, was auch heute in uns ist:

112 Der Tod existierte nicht während der ersten und zweiten Rasse. Sie (erste und zweite Rasse) lösten sich auf und verschwanden.

Weiße Blutkörperchen. Sie waren unheimlich immun, wie auch unsere weißen Blutkörperchen (T- und B-Zellen) von heute ein wichtiger Teil unseres Immunsystems sind. Die riesigen astralen Puddingbeutel sonderten eine lebenswichtige Flüssigkeit in Form von Tropfen oder „Schweiß"-Partikeln (daher die Schweißgeborenen) ab. Alle astralen Organe sind fast vollständig entwickelt, aber noch nicht die physischen Organe. Die astralen Organe sehen und hören viel weiter als die physischen Organe, denn die astralen Organe können expandieren und kontrahieren und reichen so weit wie das Astrallicht, das sich ins Universum ausdehnt, um und durch die Erde. (Das erklärt, warum Swedwnborg in der Stadt Stockholm Häuser brennen sah, während er in einer anderen Stadt war. Er sah die brennenden Häuser mit seinen Astralaugen).

Die Tropfen vereinten sich und bildeten eiförmige Bälle oder „Eier".

Die Eier wachsen zu form- und geschlechtslosen Wesen heran.

Später erreichte die astrale gelatineartige Masse mehr und mehr Struktur und verwandelte sich zu den frühen

ANDROGYNEN
(fast geschlechtslos oder latent männlich-weiblich)

Das, oh Lanoo, wird Selbst-Zeugung genannt, und diese urzeitliche Methode der Reproduktion überlebte bis heute und kann zum Beispiel bei mikroskopisch kleinen Tieren[113] (Infusorien usw.) gefunden werden. Ich präsentiere Ihnen hier einige astro-zytoplasmische albuminartige Vorfahren des später geflügelten Pterodactylus (Flugfinger), Megalosaurus, Iguanodon und anderen riesigen Sauriern. Sie sind alle Absonderungen des Menschen. Aber damals (um 100.000.000 v. Chr.) hatten sie weder Nerven und Organe noch Sex. Später kondensierten sie langsam zu ihrer endgültigen Form[114].

VORFAHREN DES

MEGALOSAURUS

MENSCHEN

IGUANODON

HEUTIGE FORM

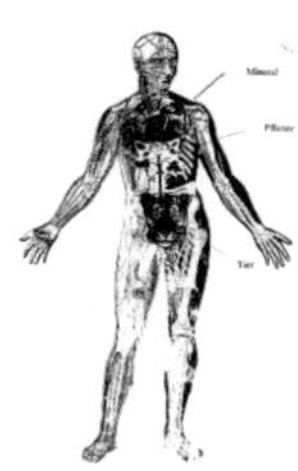

Alle riesigen Sauriere starben aus, und zwar nicht wegen eines Meteoriten oder weil sie „zu schwer" waren, sondern weil die Monaden ihre Formen verließen, um in neuen Arten Erfahrungen zu sammeln.

---

113 Diejenigen, die die Gebirgsketten formten

114 Diese knochenlosen Tiere wuchsen, veränderten sich und wurden (während der dritten Rasse) Tiere mit Knochen. Sie sind, wie alle (späteren) Säugetiere, Absonderungen astraler und später protoplasmischer Menschen.

Wie und warum ihre physischen Formen zerstört wurden (Meteoriten, Katastrophen), ist unwichtig. Es geschah auf jeden Fall unter der Leitung der Herren des Karma. OM.

Als sich dieser Planet und seine Strukturen mehr und mehr festigten, wurden auch die Eier härter[115]. Der Embryo im Inneren des Astraleies wird nicht hauptsächlich von der Elternstruktur genährt[116], sondern von kosmischen Kräften. Nach einer Schwangerschaftsperiode von 5-10 Jahren brach ein (fast) vollständig gewachsener Androgyne durch das Ei. Und auf diese Art und Weise entstand

DIE EI-GEBORENE RASSE
(noch androgyn)

Diese Rasse hatte wie die vorhergehende nur ein reflektierendes Sinnesorgan, nämlich den ganzen Körper. Jede Empfindung oder vielmehr ätherische Schwingung wurde von der gesamten Körperoberfläche wahrgenommen. Es war noch kein anderes Sinnesorgan entwickelt, doch alle von ihnen in Latenz vorhanden.

115 Noch nicht zu vergleichen mit der Struktur des heutigen Eies

116 Sogar die orthodoxe Medizin weiß von Fällen, wo die Nabelschnur gerissen war und das Kind trotzdem lebend geboren wurde...

NOCH IMMER 100.000.000 v. Chr. ...

50.000.000 Jahre der Primärzeit (Devon[117], Karbon[118], Kohle[119]) sind bereits vergangen. Während mehr als 5.000.000 Jahren mussten die Ei-geborenen Rassen[120] große Kraft und starke Gliedmaßen entwickeln, um durch die sich mehr und mehr verhärtenden Schalen ihrer Eier zu brechen. Die Ei-geborenen Wesen wurden viel strukturierter (obwohl fast noch transparent) und assimilierten Energie durch oder mit ihrem ganzen Körper. Symbol der Erde um 100.000.000 v. Chr. Als die Zwitter (Hermaphroditen) der dritten Wurzelrasse aus den Schweißgeborenen emanieren erscheint der Durchmesser im Kreis. OM.

Die wahre Natur aller Minerale

Geologen teilen Steine in Gruppen ein wie Sandstein, Granit, Kalk oder Sedimentgestein, organische, vulkanische usw., aber das *BUCH DES LICHTS* lehrt, dass Minerale eingeteilt werden entsprechend ihrer geheimnisvollen Eigenschaften, was sich auf das relative Verhältnis der sieben universellen Prinzipien, die sie enthalten, bezieht. Diese sieben Prinzipien entsprechen auch den sieben Prinzipien im Menschen, und dort haben wir den esoterischen Schlüssel zur wahren Natur der Minerale und jedes anderen Reiches der Erde. Sie alle entsprechen Âtma-Buddhi-Manas-Kāma-Linga-Prāna-Śthūla, was auch erklärt, warum und wie Alchemie funktioniert. Ein Hinweis: Sedimentäre Gruppen (Felsen usw.) entsprechen Śthūla oder dem physischen Körper des Menschen. Organische entsprechen dem Ätherkörper usw. Und denke immer daran, dass all diese Mineralformen Wohnungen von Elementalen sind. Indem man den Elementalen durch alchemistische Magie beeinflusst, kann man die Struktur des Steines selbst beeinflussen...

---

117 Felsgestein, zuerst entdeckt in Devonshire im Zeitalter des Paläozon (von Palea = uralt); erstes Erscheinen von Amphibien usw.

118 Karbon (Kohlenstoff): Diamant und Graphit sind purer Kohlenstoff.

119 Kohle: zersetzter pflanzlicher Stoff. Keine Luft, hohe Temperatur, hoher Druck ergibt ein Mineral, Kohle genannt. Aber damals waren Kohlenstoff und Kohle viel weicher als jetzt (21. Jahrhundert).

120 Jede Rasse oder vielmehr Wurzelrasse (1,2,3,4 usw.) schließt fast endlos viele Verzweigungen der Subrassen, Familienrassen, Sub-Familienrassen usw. ein. Zum Beispiel: Die dritte Ei-geborene Rasse enthält 7 Subrassen = 7x7 Sub-Subrassen = 7x7x7 Sub-Sub-Subrassen = 7x7x7x7x7 Familienrassen = 7x7x7x7x7x7x Sub-Familienrassen usw.

ZELLTEILUNG UND DER ZELLKERN (NUCLEUS) UND NUCLEOLUS[121]

Eine Zelle ist im Wesentlichen ein zentraler prānischer Kern (Nukleus), der der prānische Lebenskeim eines Lebensatoms ist. Das Zellmaterial selbst entsteht durch Kräfte, die vom Zentrum des Lebensatoms fließen. Die Wissenschaft oder vielmehr die moderne Zytologie sieht nur die Zellhülle, aber nicht seine für uns noch unsichtbare mystische Ursache, welche das Lebensatom ist. Dieses Lebensatom wirkt durch die zwei winzigen Punkte im Zentrosom[122]. Am Beginn der Zellteilung fallen sie auseinander und Energie strömt aus diesen zwei winzigen Punkten. Jeder dieser Punkte ist dann bereits der Beginn einer neuen Zelle. Mit anderen Worten: Ein Punkt verbleibt im Zentrum der Mutterzelle, der zweite Punkt wird das Zentrum der Tochterzelle und so weiter, während jeder individuellen Zellteilung.

Es geschieht in dieser Reihenfolge: I. Die innere Seele der physischen Zelle erweckt den Nukleolus. II. Der Nukleolus erweckt den Nukleus. Auch wenn es nicht offensichtlich ist: „Es gibt die stärkste Verbindung zwischen diesen zwei winzigen Punkten und dem Nukleolus einer jeden Zelle“ (Dr. de Purucker). Während der Zellteilung gibt es ein plötzliches vermeintliches Verschwinden des Nukleolus. Dann erscheint der Nukleolus wieder in jeder der zwei neu gebildeten Zellen. Was war passiert? Der ursprüngliche Nukleolus zerbrach in zwei Teile zum Zwecke des Zellwachstums. Wenn dieser Prozess gestört wird (kein Nukleolus nach der Zellteilung), reagiert die Zelle mit zu intensiver oder zu geringer Zellteilung. Das Lebensatom selbst bleibt intakt und arbeitet (im Allgemeinen) durch die zwei neuen Nukleoli, und die Zellteilung geht weiter bis zur endgültigen Bildung des Körpers. Warum oder wie löst sich der ursprüngliche Nukleolus auf? Das wird durch das kreative Lebensatom verursacht, welches den Nukleolus dann in zwei neue reintegriert, dann in vier und so weiter. Aber dieser Prozess der Auflösung und der Reintegration geschieht noch auf der physischen Ebene und nicht durch ein Laya-Zentrum. Ich zitiere Dr. de Purucker: „Das Herz eines ursprünglichen Nukleolus in einer Zelle ist das Lebensatom und die zwei winzigen Punkte im Zentrosom sind Ausdehnungen oder Finger seiner Energie. Die Energie des ursprünglichen Lebensatoms, welches das Herz einer Zelle ist, arbeitet im ganzen, vollständigen Zellrahmen oder der Zellstruktur im Allgemeinen, aber im Besonderen durch den Nukleolus und auch durch die zwei winzigen Punkte.“ Was die Zellteilung in oder während der ersten und auch zweiten Rasse anbelangt: Ihre Körper waren riesige Zellen, die lebten und sich selbst vermehrten (Osmose, Endosmose,

---

121 Nukleolus: deutlich sichtbarer Körper, üblicherweise sphärisch, gefunden im Nukleus der meisten Zellen.

122 Zentro (zentral) + som (Körper): in der Nähe oder manchmal im Nukleus in den meisten Tierzellen und einigen Pflanzenzellen. In der Mitose teilt es sich in zwei Teile, auf jeden Teil bewegt sich eine Gruppe geteilter Chromosomen zu.

Exosmose). Zellen wurden (zu einer gewissen Zeit) abgeworfen, und aus einer Zelle wurden zwei. Diese zwei individuellen Zellen benötigten eine gewisse Zeit der Zellspaltung. Dann teilte sich jede der zwei (riesigen) Zellen in zwei, was vier ergibt. Diese Zellen lebten nicht, wie manchmal angenommen, für Millionen Jahre als individuelle Zellen. Sie teilten und teilten sich. Aus jeder Zelle wurden zwei, aus zwei (durch Spaltung) wurden vier, aus vier wurden acht, aus acht wurden sechzehn und so weiter. Aber dieser Prozess setzte sich nicht unendlich fort, sonst wäre der ganze Planet früher oder später bedeckt mit Zellen der ersten und zweiten Rasse. So arbeitet die Natur nicht. Die Biologie lehrt uns, dass, wann immer eine Art ihr Maximum an Fortpflanzung erreicht, Unfruchtbarkeit folgt oder es scheint ein Aussterben zu geben. Die Balance wird erhalten auf Grund einer gewissen Menge von Monaden in diesen Körpern. Keine Monade – keine Art, was den Tod des Sauriers perfekt erklärt.
Methode der geschlechtslosen Reproduktion im Inneren eines Ei-Geborenen. Zum Zeitpunkt der Reproduktion gibt es eine Interaktion, die von der (latent dualen) Monade = Geist-Seele-(Âtma-Buddhi) kommt und das protoplasmische Innere der Kreatur in viele plus- und minusgeladene Energiezentren oder protoplasmische Zellen splittet. Von da an geschieht Zellteilung wie beschrieben und definiert von der orthodoxen Wissenschaft. Dann legt die Kreatur die Eier, und diese wachsen und reifen. Was passiert mit der Kreatur, nachdem sie die Eier gelegt hat?
Die Monade zieht sich zurück und der protoplasmische Körper zersetzt sich, verschlungen von „den Leben“[123]. Und die nun befreiten Monaden übernehmen neues wachsendes Leben, ob es nun ihre eigenen Eier sind oder andere wachsende Formen in anderen Kreaturen (aber niemals im Tierreich oder in niederen Arten). Menschen können nicht als oder in Tiere reinkarnieren. Der astrale Bodensatz des menschlichen Astralkörpers jedoch wurde tatsächlich zu den Prinzipien der Tierwelt. Oh Lanoo, alles stammt vom (himmlischen) Menschen, der den positiven/negativen Ladungszustand aufrecht erhält, bis der Wachstumsprozess abgeschlossen ist und die ausgereifte Kreatur durch das Ei bricht.

ERSTE SPUREN DES GEHIRNS[124] IN ANDROGYNEN

Der expandierende und kontrahierende Aspekt der Monade brauchte ein Vehikel, um abstrakte spirituelle Bewegung in physikalische Bewegung[125] zu transformieren. Dieses Vehikel wurde das Rhombencephalon oder Hindbrain. Der androgyne Mensch reagierte auf den expandierenden und kontrahierenden Aspekt der Monade mit einem

---

123 Erklärung später
124 Woher kommt das Gehirn? Es ist, wie alles andere, in der monadischen Essenz bereits als abstrakter Prototyp enthalten.
125 Und auch in Atmung.

Rhombencephalon. Das Rückgrat[126] der Kreatur war noch nicht voll entwickelt, aber das Rhombencephalon war verbunden mit Nervensträngen, die vertikal verliefen und sich in dem halb-transparenten protoplasmischen Körper der Kreatur verzweigten. Woher kamen plötzlich Hirn, Nervenstränge und Knochen? Sie waren bereits in der Matrix der Ätherkörpers enthalten und kondensierten oder verhärteten später als Ausdruck des universellen Denkens.
Wie evolvierte die zweite Rasse die dritte? Sie (die zweite), beabsichtigte nicht, Eier zu emanieren, sie waren einfach in konstantem und abstraktem Nachdenken und Yoga. Es war das Gesetz, das durch sie arbeitete, ungehindert von jeglicher Personalität, aber bezeugt durch Individualität[127]. Meditiere, oh Lanoo, und du wirst das Gesetz. Sie (die zweite Rasse) „ließen es einfach geschehen", was in der dritten Rasse[128] resultierte. Die ersten Subrassen dieser dritten Rasse (in der Vierten Runde) waren rein, einfach und unschuldig[129]. Das resultierte in anderen Wesen, die rein, einfach und unschuldig waren und alles Wissen des Universums hatten. Sie produzierten ihre Nachkommen-schaft einfach durch Willenskraft. Wir alle besitzen diese Kraft, oh Lanoo, aber wir haben entschieden, durch „Sünde" Nachkommen zu schaffen, verursacht durch die zö-gernden Söhne des Denkens und der Weisheit.

OM

Zuerst, oh Lanoo, waren alle Kreaturen Äther-Kreaturen. Als der Äther zu seinen Untergruppen (Luft, Wasser, Erde) kompensierte, fiel alles komplett unter das Gesetz der ätherischen (oder auch monadischen) elektromagnetischen Anziehung und Abstoßung, heute fälschlicherweise „Gravität" genannt. Die Kreaturen entwickelten sich unterschiedlich in diesem unterteilten Äther, sind sie doch nunmehr Äther-Feuer-Flüssigkeit-Erde. Vorher schwebten die Kreaturen durch den Äther (waren selbst ätherisch[130]), und diejenigen von ihnen, die eine stärkere Tendenz zum Schweben hatten als andere, hatten diese Tendenz sogar noch, nachdem sich der Äther unterteilt hatte in Feuer, Luft, Wasser und Erde. Dabei war Feuer die dem Äther am nahesten stehende

126 Androgyne „Menschen" erhielten später nicht nur ein Rückgrat, sondern zwei.

127 Monadische Individualität, denn alles besteht nur aus Monaden (emaniert aus der Super-Monade) und ihrer Reaktion auf das Chaos oder die Wurzelmaterie.

128 Eines Tages werden wir wieder wie die dritte Rasse sein, und wie die zweite und die erste, aber feiner in Struktur und Bewusstsein. OM.

129 Alle Rassen beginnen ihre Existenz in Unschuld und enden in Degeneration (immer mit Ausnahmen).

130 besser: ektoplasmisch (eine leuchtende, dampfende Substanz)

Untergruppe. Diejenigen (Tiere) mit dem stärkeren Bedürfnis zum Schweben waren unter den Wassertieren und entwickelten einen langen Hals (als Ausdruck der Sehnsucht nach Bewusstsein im neuen Element Luft) und später auch Flügel. Dieser Prozess erforderte Millionen von Jahre. Diejenigen, die dieses Bedürfnis zum Schweben hatten, kamen alle aus dem Wasser, denn das Wasser gab ihnen schließlich (nachdem Äther unterteilt war) deutlicher das Empfinden noch durch den Äther zu schweben als es eine Existenz auf dem Land tun würde. Alle Lufttiere sind abgeleitet vom ätherischen Gegenstück der menschlichen Lungen (der ersten zwei und auch der frühen der dritten Wurzelrasse. Oder: Extreme „Ätherschweber" entschieden sich (nach der Unterteilung) zuerst im Element Wasser zu leben; einige von ihnen (mit dem stärksten Bedürfnis zu schweben) entwickelten einen langen Hals und (später) Flügel, um weiterhin zu schweben oder zu fliegen. Diese Entwicklung schließt eine Anpassung der Kreatur an ihre Umgebung natürlich nicht aus. Das ist tatsächlich ein evolutionärer Prozess, aber nur als Wirkung, nicht als Ursache. Die Ursache ist weder Evolution noch Schöpfung, sondern EMANATION oder Wiedererwachen dessen, das UNERSCHAFFEN ist und konsequenterweise immer da war, ist und sein wird. OM der Weisheit des Brahman.

Zu sagen, dass alles Leben aus dem Wasser kommt, ist falsch. Alles Leben kommt zuerst aus „den Wassern des Lebens", was überhaupt keine Wasser sind, sondern abstrakte Ākāśa, dann aus dem Äther (oder existiert sogar weiterhin im Äther) und entwickelt sich dann getrennt auf dem Land und im Wasser[131]. Aber einige Wasserkreaturen beschlossen (natürliche Auslese verursacht durch Karma) dem monadischen Impuls zu folgen und auf der Erde oder auch in der Luft (abgesonderte Monaden) zu leben. Was den Menschen anbelangt: Der Mensch kam niemals aus und lebte nie im Wasser. Er evolvierte in Ākāśa und später in kondensiertem Äther oder Land. Aber die Monade bzw. ihre Reflexion hatte bzw. hat Erfahrung in der Existenz als Stein, Pflanze, Tier (manchmal Wasser-Säugetier) und schließlich als Mensch. Wie auch immer, die menschliche Form ist landgeboren. Des Weiteren: Der Mensch ist landgeboren. Warum besteht dann sein physischer Körper hauptsächlich aus Wasser? Weil er SPÄTER von Ākāśa-Äther zu Wasser kondensierte. OM. Es gibt jedoch einige fliegenden Tiere, die sich aus den Lungen (astral und verdichtet) des Menschen entwickelten, andere aus Dinosauriern (vom Menschen abgeleitet).

131 Nur wenige Arten wurden bereits im Moment der Unterteilung der Ākāśa sofort zu Tieren der Luft.

Um 80.000.000 v. Chr.
ERSTES ERSCHEINEN DES DRITTEN KONTINENTS „LEMURIEN“[132]
Lemurien damals (dunkel)

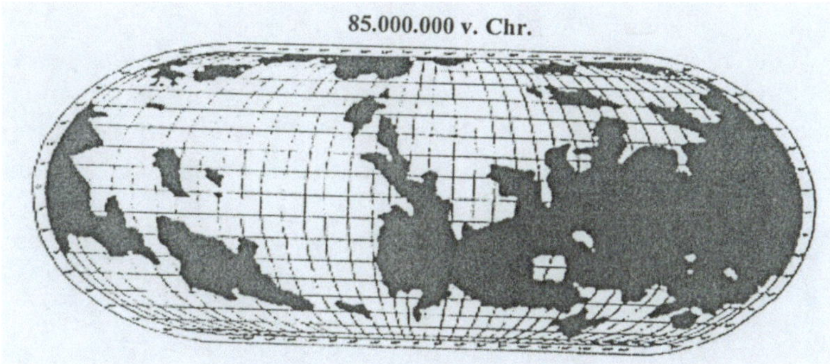

Lemurien[133] war damals gigantisch. Es bedeckte, was heute Tibet, die Mongolei, die Wüste Gobi, Assam, Südindien, Sri Lanka, Sumatra, Madagaskar, Australien, Tasmanien und die Osterinseln sind und reichte weit in den heutigen indischen Ozean hinein. OM.

Die dritte Wurzelrasse traf auf Lemurien ein
Um 50.000.000 v. Chr.

Lemurien, Kontinent der dritten Wurzelrasse, auch androgyne Rasse genannt. Höhe: 80 Fuß.

132 Weder Lemurien noch das spätere Atlantis sind die ursprünglichen Namen.
133 Beginnend am Fuße des Himalaya und sogar Teile Afrikas einschließend

Luft, Feuer, Wasser und Erde erreichten mehr und mehr die heutige Struktur. Die Körper der Kreaturen konnten nicht mehr wie früher Energie aus ihrer Umgebung transformieren (halb dichte-ätherisch-astrale Partikel, abgesondert von Tieren, Pflanzen und „Steinen", die durch die Luft und auf dem Boden schweben).

Die Körper der Ei-Geborenen (und der anderen) wurden dichter (grau-weiße Gelatinemasse), und die Kreaturen konnten nicht länger Energie mit ihrer ganzen Körperoberfläche assimilieren. Sie (die Kreaturen) reagierten damit, dass sie Öffnungen unter ihren rotierenden Bewusstseinszentren bildeten und so Energie ein- und ausatmeten.

Aber das, oh Lanoo, ist nicht die Wurzel bzw. die Ursache allen Atmens. Die Ursache ist Brahman, eine expandierende und kontrahierende Supermacht, die sich selbst (überprüft von den Herren des Karma) mit dem Universum umgeben, das (wegen Brahman) expandiert und kontrahiert (mit allem darin). Atem oder „zu atmen", oh Lanoo, ist eine der vielen Variationen und Wirkungen oder Resultate des expandierenden-kontrahierenden Super-Geistes. Jedes Atom und viele andere lebende Wesenheiten in diesem Universum ziehen (saugen) Energie (Lebensmittel) in ihre Körper und „schleudern" sie wieder hinaus, nachdem sie sie lange genug in das Innere ihres Körpers assimiliert haben. Diese Periode der Assimilation (Inhalation) unterschied sich sehr in der Länge von (heutigen) 3-20 Stunden. Das bedeutet, sie blieben während dieser Zeit „inhalierend" und exhalierten bzw. schleuderten die Teile (Abfallstoffe), die sie nicht assimilieren konnten, hinaus. Der ganze Planet (Land und Wasser) war angefüllt mit atmenden[134] (essenden) Kreaturen und mit dem Staub ausgestoßener Partikel. Millionen von Kreaturen starben, viele von ihnen „explodierten" buchstäblich, unfähig, die inhalierte Substanz zu selektieren.

---

134 Inhalieren und Exhalieren verursacht Geräusch. Die frühe dritte Rasse war die erste, die Geräusch entwickelte. Die (späteren) Insekten und Tiere schufen auf die gleiche Art Geräusch.

DIE DRITTE RASSE

Frühe „Menschen“ der Dritten Rasse in ihrer (fast) endgültigen Struktur, (a) Lebensmittel aufnehmend und (b) Abfallartikel abstoßend, die Verdichteten durch die oberen Öffnungen, die Feineren durch Arm- und Fußklappen.

Die Reptilien (wegen ihrer aggressiven Art) „inhalierten“ (verschlangen) sich gegenseitig oder andere Arten (sogar an Land), so dass Millionen von diesen Arten starben. Aber es warteten in Laya am Rande des Pflanzenreichs genug Monaden, die bereit waren, das Tierreich zu betreten und so die Lücke zu füllen.

Die Reptilien verleibten sich also das erste Leben auf Erden ein. Aber sie waren nicht dafür verantwortlich, auch nicht ihre Vorfahren vom Beginn der Vierten Runde. Auch die Monaden der Reptilien waren nicht dafür verantwortlich. Sie lauern über jeder Lebensform um mehr Bewusstsein zu erlangen, zur Manifestation getrieben von ihrem Verlangen nach aktivem Sein. Hätte der Engel der Erde vorher nicht zeitweilig die Kontrolle über seinen Planeten verloren, hätte es keine „Wassermenschen“ und keine Reptilien gegeben. Das bezieht sich auf die meisten Reptilienarten, denn diese Reptilien emanierten aus dem unkontrollierten Schoß der Erde und waren keine Absonderungen des Menschen[135]. Auf diese Art und Weise zwangen sie andere Kreaturen, ab-

135 Aber: Das meiste der Erdkette wurde am Anfang von den Astralkörpern der ersten Rassen gebildet...

wechselnd defensiv und aggressiv zu werden. Und wenn die anderen Engel die Monaden mit dem höchsten Bewusstsein ausgestattet hätten, hätten die Monaden niemals in aggressive Lebensformen inkarniert. Verstehe, oh Lanoo, dass der erste Krieg im Himmel stattfand, nicht auf der Erde. Die Monaden waren von Anfang an zum Scheitern verurteilt, denn sie hatten das Denken nicht als richtiges Werkzeug, in ihrer neuen Umgebung Bewusstsein zu erlangen. Und als sie das Denken erhielten, war es fast zu spät...Wie kann das sein? Weil es keine Teilung der Gewalten gibt. Was wir sehen bzw. von unserem Gesichtspunkt aus Engel nennen, ist oft EIN ENGEL (one Deva) in zwei Aspekten, welche irrtümlicherweise ‚Engel' und ‚Teufel' genannt werden (z.B. von der Kirche). Jehova, zum Beispiel, ist rein in seinem höchsten Aspekt. In seinem niederen Aspekt aber, wo er der blutrünstige und rachsüchtige Gott der Religion wird, ist er verdorben (wie wir später sehen werden), und zwar vom Menschen und seinen pervertierten Ideen von Gott.

Die Planetenengel kamen. Ihnen gefiel was sie sahen. „Nun ist die Form bereit", sagten sie, „nun werden wir inkarnieren". Jetzt (nicht vorher) waren sie bereit und gewillt, das Gesetz zu befolgen und die Ei-Geborenen mit dem auszustatten, was sie zu geben hatten. Venus gab Liebe, aber auch eine Energie, die (hier unten!) Leidenschaft und Sinneslust werden sollte. Mars gab Entschlusskraft, aber auch Voreiligkeit und Aggressivität. Die Sonne gab Vitalität, aber auch Ehrgeiz. Jupiter gab Spiritualität, aber auch das Verlangen Reichtum anzuhäufen. Merkur stattete die Monaden mit Vorstellungskraft aus, aber auch mit Schläue und Falschheit. Nur Saturn[136], die Herren des Karma, Kenner des Chaos, weigerten sich, die Ei-Geborenen mit Denken oder Manas auszustatten, was sie in die Lage versetzt hätte, sich darüber bewusst zu sein, dass sie a) von den anderen Planetenengeln ausgestattet wurden und b) sich des Universums bewusst zu sein, sich selbst bewusst zu sein und so zu wissen wer sie sind.

Die anderen Planetenengel waren hilflos. Was konnten sie tun? Sie versuchten nicht einmal, die Ei-Geborenen mit dem Denken auszustatten, denn ihr Bewusstsein war von anderer Natur.

Das Bewusstsein der Sonne, zum Beispiel, hätte die Form vernichtet. Das Einzige, was die Erde geben konnte, war das Feuer, das in ihr brannte[137].

---

136 Und hier ist ein Geheimnis, das ich mit dem Leser teilen möchte. Ich bin mir dessen bewusst, dass Helena Petrovna Blavatsky in ihrer Geheimwissenschaft (Kosmogenesis S.18) jene Kräfte erwähnt, ... „die die intellektuelle Evolution wiederholten und Solar Devas oder Agnishwätta Pitris sind oder ‚Verleiher der Intelligenz und des Bewusstseins'". Aber ich habe Informationen vom Chohan, dass einige jener Solar-Devas, die dem Gesetz nicht folgten (s. nächste Seite) sich den Engeln des Saturn anschlossen, indem sie vollständig auf diese Kette wechselten. Dadurch verloren sie ihre Häuser oder Planeten, die zum 10. Tierkreiszeichen Makara, gehören. Sie verloren ihre Häuser, aber sie gewannen einen riesigen Kriegsplaneten. Saturn, der ewige Rebell, hieß sie willkommen...

137 Das ist Kundalini in dir, oh Lanoo.

Aber sie (die Erde) konnte die ätherische Form des Mondgeistes noch nicht mit fester Materie ausstatten[138]. Nur der Engel des Saturn[139] und seine Wirte wussten, dass nur sie allein die Fähigkeit, die Monaden mit Bewusstsein auszustatten, besitzen. Aber sie zögerten. Es gibt Gründe dafür, oh Lanoo. Einer von ihnen ist Karma. Ein anderer ist, dass sie noch nicht bereit waren. Ein weiterer: Sie waren noch zu nahe am Licht (der Sonne). Sie fürchteten, dass die begrenzte Form ihr Bewusstsein reduzieren würde.
Die Saturn-Engel (oder Mānasaputras), immer noch in Angst, sie würden ihre Unabhängigkeit (Pukkā-Status) verlieren, weigerten sich, dem Gesetz zu folgen, obwohl es ihre Aufgabe gewesen wäre. Die Herren des Karma reflektierten alles. Die Saturn-Engel hatten immer noch etwas gegen die Formen (Rūpas). Aber das Gesetz drängte, erfüllt zu werden...
Verglichen mit ihrem Erscheinen auf der Erde hatten die Monaden ein viel höheres Bewusstsein, jetzt, da alle Planetenengel (außer Saturn) sie mit ihren Kräften ausgestattet haben, aber auch mit ihren negativen Aspekten[140] (hier unten). Aber am Anfang waren die Monaden rein und fast passiv, wobei eine Monade selbst immer rein und passiv ist. Sieh, die fortgeschrittene ...

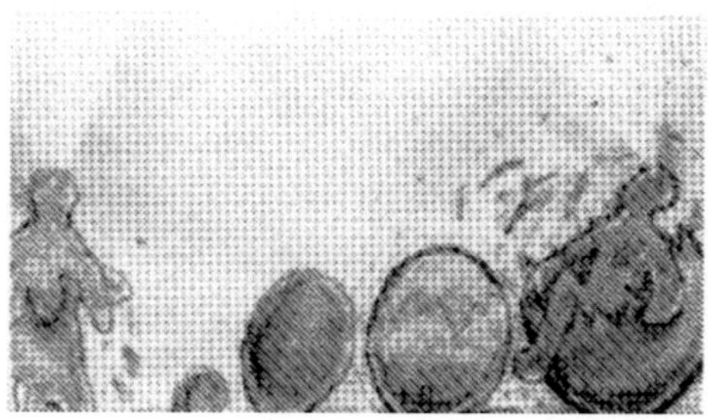

Ei-Geborene Rasse[141], oh Lanoo.

---

138 Weil die Erde selbst noch nicht in einem festen Zustand war.

139 Vielmehr: Diejenigen, die in der siebenten Runde des Mondes Dhyān-Chohan Status erreicht hatten und die sich Saturn anschlossen, nachdem der Mond gestorben war. Die meisten von uns sind ihre Tiermonaden und sie (die Chohans) sind dazu bestimmt, unsere Mānasaputras zu werden. Einige gehorchten sofort. Sie waren bereits Dhyān-Chohans auf dem Mond vor dessen siebenter Runde.

140 Sich mit dem Geist der Erde mischen und Jehova werden.

141 Gegen Ende der vierten Unterrasse der dritten (Ei-geborenen) Wurzelrasse verloren die Kinder dieser Rasse die Fähigkeit durch die Eier zu brechen und diese zu verlassen. Mit dem Ende der fünften Unterrasse der dritten Wurzelrasse wurde der Mensch aus dem Inneren des Schoßes heraus geboren, jedoch noch ohne Paarung.

Ihre Körper waren rund, sie besaßen eine furchtbare Stärke, vier Arme und vier Beine, obwohl es viel mehr Variationen androgyner Lebensformen gab... Die Androgynen bewegten sich kreisförmig mit großer Geschwindigkeit und Kraft, waren sich gegenseitig nicht einmal bewusst und weil sie Eier von innen nach außen emanierten, wurden diese Kreaturen[142] später in geheimen Schriften Schoß-Menschen genannt. Oh, Lanoo, der „erste" Mensch auf der Erde war ein Schoßmensch (engl. von womb = Schoß, dann womb-man, daraus woman = Frau). OM. Das rotierende Energiezentrum im oberen Drittel ihrer Köpfe entwickelte sich zu einem augenförmigen Reflexionszentrum, das etwas tiefer angesiedelt ist[143] als vorher. Das Innere ihrer Körper wurde durch „Knochen"[144] stabilisiert (nun, da die Erde dichter war als jemals zuvor) und sie waren noch immer androgyn männlich-weiblich und fuhren fort, Leben durch Eier zu produzieren, die aus ihren Körpern hervorquollen.

„ZÄHNE"

Seit sich die Umwelt immer mehr verdichtete, waren die zweifältigen (androgynen) Ei-Geborenen nicht mehr in der Lage, Nahrung „einzuatmen" (inhalieren). So entwickelten sie also Zähne, um sie zu kauen. Nahrung und Atmung (Inhalationsprozess) mussten auf verschiedene Kanäle verteilt werden. Ausgeschieden wurde immer noch durch die (jetzigen) Finger und Zehen. Erste Anzeichen für Magen und Därme erschienen. Wer erschuf sie? Wer erschuf die Finger und Zehen, den Mund und den Magen bei den androgynen Menschen?

ANPASSUNG

Form und ihre Variation(en), oh Lanoo, ist nicht die Kreation, sondern die Reaktion der Monade auf ihre Umwelt oder die Art der Monade Bewusstsein zu erlangen in der Umwelt und ihr Verlangen darin zu erfüllen. Lungen, Därme, Augen, Ohren, Mund, Haut, Gehirn, Blut, Knochen sind monadische Verlangens- und Bewusstseinszustände[145]. Wie wir durch das physische Hirn Bewusstsein erlangen, ist eine völlig andere Sache und alles zusammen Maya. Durchbrich die Wand des physischen Bewusstseins,

---

142 Sie waren Organismen ohne Organe von vollständig homogener Substanz.
143 Unterhalb der Mitte des Schädels. Heute schrumpfte es zur so genannten Zirbeldrüse, welche von der Hirnanhangdrüse erweckt werden muss.
144 Doch die Knochen damals waren nicht das was sie heute sind.
145 Oder deren Svabhavat bzw. Essenz. Und in einem hat Darwin Recht: Nun folgte die Form dem Gesetz der Anpassung (aber kontrolliert und beeinflusst vom Geist, der selbst unerschaffen ist, aber periodisch emaniert oder wiedererwacht. Es gibt keine Schöpfung und keine Evolution, aber .... nun weißt du es. OM.

oh Lanoo, entsage deinem Verlangen. Die Entwicklung der Lungen, Därme usw. weist in Richtung Anpassung. Anpassung ist das Geheimnis. Die Elemente enthalten ihr Design des Fortschritts und auch die Kreaturen, die in ihnen leben (einschließlich Gnomen, Elfen). Die Kreatur beeinflusst das Element, und das Element beeinflusst die Kreatur. Aber es hätte niemals einen Winter in der Nordpolregion gegeben, wenn die Mānasaputras nicht gezögert und sich unfähig gezeigt hätten, dem Gesetz unverzüglich zu folgen und ein entsprechendes Vehikel für die verschwindende Monade zu „schaffen". Die menschliche Form wäre völlig anders gewesen als die heutige (21. Jahrhundert). Meditiere darüber, oh Lanoo. Steht das im Widerspruch zum Gesetz? Überhaupt nicht. Zuerst ist der Mensch, wenn die Monade so genannt werden kann, ätherisch-astral, genauso wie physisch (vierte Runde). Dann folgt der Impuls der Umwelt, der sie veranlasst, Stein, Pflanze, Tier und wieder Mensch zu werden und die jeweiligen Organe zu entwickeln. Du fragst, oh Lanoo, woher die Kreatur (oder vielmehr die Monade) weiß, wie sie auf die Umwelt reagieren und welche Organe sie entwickeln muss? Der endgültige Plan ist bereits geschrieben, wenn das Universum erwacht. Was auch immer der Mensch verlangt, das wird er bekommen. Es kann Variationen an Formen geben, aber sie führen alle zu dem einen Ziel, welches der Sinn des Lebens ist, oder der Sinn, warum Leben dort ist und wir hier, und dieser Sinn ist die Spiritualisierung der Materie auf allen Ebenen, so dass eines Tages sogar die niederste Lebensform, eine Mikrobe zum Beispiel, sich der Tatsache bewusst ist, dass sie göttlich ist. Das, oh Lanoo, ist die eine und einzige Aufgabe des Geistes und von Brahman: Materie zu spiritualisieren. Der Geist (Monade) „taucht" (inkarniert oder reflektiert) wieder und wieder in die Materie, bis diese „pulverisiert", atomisiert-spiritualisiert das Ansteigen der Radioaktivität verursacht. Stelle dich selbst auf den Geist ein, lebe ein spirituelles und moralisch reines Leben, oh Lanoo, entsage deinem Verlangen und du wirst nicht leiden müssen. Diese Einstellung verursacht Antahkarana, was der Pfad und die Tür zur Unsterblichkeit ist. OM. OM MANI PADME HUM. OM.

Die Zeitgenossen der Ei-geborenen Rasse sind alle 50-300 Fuß groß[146]. Die Dreieinigkeit (Brahmā, Vishnu, Śiva) wurde reflektiert in der (damals) niedersten Lebensform, die sich beim Trilobit mit drei Lappen manifestiert.

146 Diese Rangfolge in der Größe ist kein Widerspruch. So wie es heute 4 und 7 Fuß große Menschen gibt, gab es vor 50.000.000 Jahren 50 und 300 Fuß große Lebensformen.

DIE GEBURT DES DRITTEN AUGES

Das „dritte“ Auge war tatsächlich das erste Auge, weil es zuerst bei der dritten Rasse der androgynen Menschen erschien. Es gab noch kein Gehirn in dem sich mehr und mehr verhärtendem Schädel[147], es gab einfach nur eine weiße Gelatinemasse mit einem Bewusstseinszentrum, welches eine 360° Sicht erlaubt und das Vehikel für die Monade [148] war. Querschnitt durch des Schädel eines Menschen der dritten Rasse mit (fast) keinem Gehirn, sondern nur einem Bewusstseinszentrum darauf[149] oder auf einem stark entwickelten weißlichen Gelatineabschnitt.

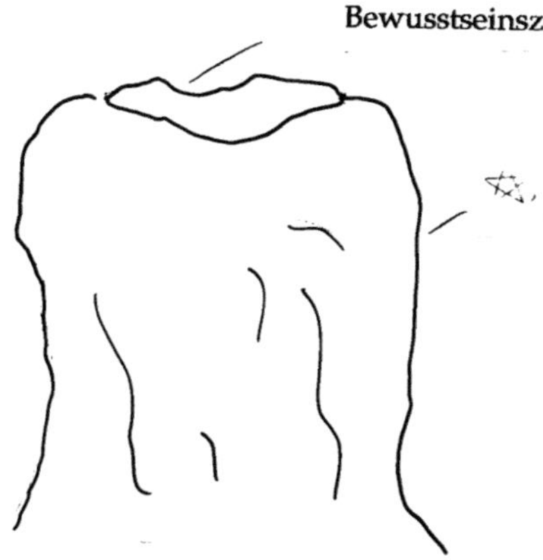

EIN HINWEIS

Um die physiologische Aufeinanderfolge der menschlichen Rassen von vor 100.000.000 v. Chr. bis heute (21. Jahrhundert) zu verstehen, müssen wir nur unsere eigenen Körper von der Geburt bis zu dem Zeitpunkt, da wir erwachsen sind, beobachten. Ich schließe bei dieser Aufzählung die so genannte erste und vielleicht zweite Astralrasse der ersten drei Runden nicht ein. Ich vergleiche die embryonische Entwicklung heute bis zum Erwachsensein (männlich/weiblich) erst von der Vierten Runde an, vor der Teilung der Geschlechter und teilweise mit der ersten, zweiten und dritten androgynen Wurzelrasse.

---

147 Aber immer noch weich und oben fast transparent.

148 Oder hauptsächlich die Buddhi, die es bis heute ist. Deshalb: Erwecke die Hirnanhangdrüse!

149 Dieses Zentrum verkümmerte später und sank in die Position dessen, was wir heute die Hirnanhangdrüse nennen.

Millionen von Jahren der Evolution, geführt vom Geist, wiederholen sich heute während der neun Monate der Schwangerschaft und enthüllen uns, wie die Menschheit evolvierte und sich von ca. 100.000.000 v. Chr. bis ins 21. Jahrhundert entwickelte. Es ist das Gesetz der „embryonalen Rekapitulation“.

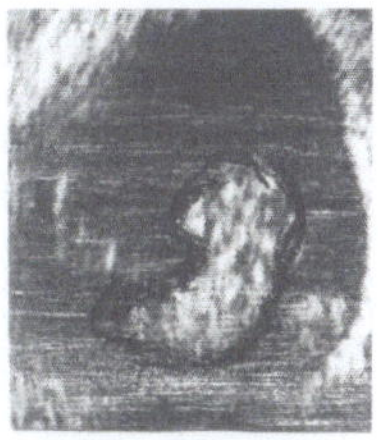

Schritt 1 heute (21.Jahrhundert)
Im Inneren der Gebärmutter. Der menschliche Embryo ist ohne Knochen.
Ultraschall 1. Monat.

Schritt 1 vor über 100.000.000 v. Chr.
So waren wir damals, nur größer, riesige knochenlose babyartige, doch geschlechtslose Kreaturen während der ersten, zweiten und frühen dritten Rasse.

Schritt 2 heute (21. Jahrhundert)
Nach der Geburt entwickelt das Baby weiche Knochen und den Schädel.

Schritt 2 vor über 100.000.000 v. Chr.
Das ist die Struktur zum Mittelpunkt der dritten Rasse (noch androgyn).

Schritt 3 heute (21. Jahrhundert)
Die Knochen im Kind verhärten mehr und mehr.

Schritt 3 vor 100.000.000 v. Chr.
Die noch androgyne Rasse erreicht mehr und mehr Struktur, während sie leicht in der Größe schrumpft.

Den Herren des Denkens (Mānasaputras) gefiel, was sie sahen. Sie wählten 1000 der am weitesten entwickelten Ei-Geborenen und inkarnierten vollständig in sie, was bedeutet, dass sie aufhörten Engel zu sein und menschlich wurden. Aber die anderen Herren des Denkens wiesen die verbleibenden Monaden zurück. Auf diese Art und Weise wurden die Vehikel gefüllt mit Glückseligkeit, aber sie wussten es nicht. ICH BIN GLÜCKSELIGKEIT, oh Mahā-Chohan! Und dahinter?

Es gibt nichts weiter, was du wissen müsstest, oh Lanoo. Was passierte mit denjenigen, in die die Saturn-Engel inkarniert hatten? Die entwickelten die Macht der

KRIYĀ-ŚAKTII!
(von daher später crea-tion (Schöpfung))

OM, OM, SEI KRIYĀ-ŚAKTI! Es ist die Kraft, mit dem Denken etwas zu erschaffen. Denke einfach etwas, und es wird sein[150]. So war das damals. Man denkt, und es kommt aus dem eigenen Körper. Und aus den Eiern von einigen der (nun mit dem Denken ausgestatteten) Ei-Geborenen entstanden, erschaffen von der Kraft des Denkens...

Weibliche Naga

Männlicher Naga

... NAGAS, teils geflügelte, schlangenartige Kreaturen (aber keine Reptilien, sondern Reptiloiden), aufrecht gehend auf zwei Beinen, ausgestattet mit dem Wissen des Universums. Die NAGAS hatten auch Kontrolle über die (bald vier) Elemente. Sie waren in der Lage, auf der Erde zu gehen, durch die Luft zu fliegen, Feuer auszuatmen, alle Dinge zugleich zu sehen, Gedanken zu lesen ebenso wie per Gedankenkraft mit Artgenossen zu kommunizieren. Auch die Nagas teilten sich in Geschlechter.

150 Bis heute hat das Mittelhirn mit der Sehkraft zu tun

Sie sind „unsterblich", oh Lanoo (bis zum Ende der Erdkette). Über 1000 von ihnen (in ihrer ursprünglichen Form und viel mehr in illusionärer Form) sind unter uns oder an geheimen Plätzen[151].

Andere, in die die Herren des Denkens oder Mānasupatras der ersten Klasse, die weisen Menschen, inkarniert hatten, wurden zu Führern und Lehrern der Gründer der Menschheit. Heute sind sie Buddhas, Mahatmas, Fortgeschrittene der fünften. Runde[152].

50.000.000 v. Chr.
SEKUNDÄRZEIT
Alle zusammen mesozoische Epoche; vorausgegangen die paläozäne und die cenomane

Trias[153], Jura[154], Kreide. Zeitalter der Säugetiere, die aus den abgesonderten Resten der Selbst-Schweißgeborenen Menschen[155] und der Tiere der dritten Runde evolvierten.

---

151 Bis heute werden die NAGAS von den Pueblos in Artufas verehrt.

152 Obwohl wir in der Vierten Runde sind. Einige von ihnen waren sogar aus der Sechsten Runde. Lies und verstehe.

153 Unterteilt in 3: Trias. Dominanz der Reptilien.

154 Höhepunkt des Dinosauriers. Alle noch immer androgyn, mit sich mehr und mehr verhärtenden Knochen. Fliegende Reptilien und Vögel erscheinen. In jedem Falle war der Mensch in dieser (vierten) Runde vor den Tieren da. Sogar Genesis, Kap. ii, v. 19 sagt: „Aus dem Boden formte Gott, der Herr, jedes Tier auf dem Felde, jeden Vogel der Luft und brachte sie Adam, um zu sehen, wie er sie nennen würde." Was sind dann die Tiere in Kapitel eins? Die Zeichen des Tierkreises.

155 Noch einmal: Vögel usw. stammen physisch gesehen von den Lungen der androgynen Menschen der Sekundärzeit (und von früheren menschlichen Arten), aber auch vom Dinosaurier.

DIE ERSTEN SÄUGETIERE
80.000.000 v. Chr.
Alle Säugetiere stammen vom Menschen ab

Menschen und Tiere sind noch ohne Haare, da es noch den ewigen Frühling gab. Das würde sich bald ändern..., was uns eindeutig zeigt, dass der physische Mensch vor den Säugetieren erscheint in dieser vierten Runde.

Geschlechtslose Menschen sondern geschlechtslose Säugetiere ab

Kraft und Organisation (1. und 7. Strahl) wandeln sich zu Liebe-Weisheit (2. Strahl), Harmonie durch Konflikt (4. Strahl), Anbetung und Idealismus (6. Strahl) des Pflanzenreichs zu aktiver Intelligenz (3. Strahl) und Anbetung und Idealismus (6. Strahl) des Tierreichs. Tiere, besonders Säugetiere, die alle vom Menschen stammen, sehnen sich nach menschlicher Nähe, um Menschen zu WERDEN. So besteht eine engere Verbindung zwischen Tier und Mensch als zwischen Tier und Pflanze oder sogar zwischen Bewusstseinsenergie, die von der Pflanze zum Tier fließt. Zähmung und Abrichten der Tiere (beeinflusst vom 6. Strahl) führt zur Kraft zum Lieben und Dienen und führt zur Veränderung der Gruppenseele zur individuellen Seele. Das Nervensystem und die fünf Sinne werden verursacht durch das Auftauchen des Instinkts und sind unter der Führung des Dritten Strahls der aktiven Intelligenz.
Hunde sind Ausdruck des zweiten Strahls, des dritten Strahls und des sechsten Strahls. Mond und Mars sind die planetarischen Einflüsse auf das Tierreich. Hier sollte sich die Liebe des Tieres auf die Liebe zu seinem menschlichen Herrn richten. Meister Koot Hoomi steht über uns im Bewusstsein, wie wir über dem Tier stehen.
Was ist mit der Entwicklung der Hirnsubstanz bei Säugetieren und Tieren im Allgemeinen, oh Maha-Chohan? – Da sie kein Denken haben bzw. es noch nicht haben, entwickelt sich ihr Hirn meist in der Kleinhirngegend. Und da die meisten ihrer Monaden noch nicht oft genug im Tierreich inkarniert haben, ist das entsprechende Vehikel, die Zirbeldrüse, nur gering entwickelt. Es gab und gibt jedoch Ausnahmen zu dieser Regel.

Das Hirn der Säugetiere nach der Teilung in Geschlechter im Tierreich

Nachdem sie bereits während der dritten Runde astral existiert hatten, werden die Monaden der Säugetiere in der vierten Runde nach dem Erscheinen des Menschen wiedererweckt (von den Monaden, die er abgestoßen hat). Bedingt durch ihre mehr physische Natur bilden Tiere eher physische Körper als der Mensch.

Verwirrung oder scheinbare Widersprüche sind oft der beste Weg, die esoterische Wissenschaft zu verstehen. Hier folgen nun zwei Aussagen, die sich zu widersprechen scheinen:

1. Der physische Mensch ist jünger als das Tier.
2. Der Mensch ist älter als das Säugetier.

Beide Aussagen sind richtig, denn beide beziehen sich auf den Astralmenschen, der tatsächlich lange vor jeglichem Säugetier und schließlich den vor 800.000.000 v. Chr. emanierten astralen Säugetieren in der dritten Runde existierte. Aber damals war alles astral, und weil die Tiere sich zuerst und vor dem Menschen in der vierten Runde verdichteten, können wir sagen, dass die physischen Säugetiere tatsächlich älter sind als der physische Mensch, weil der Mensch nach den Säugetieren physisch wurde, aber der Astralmensch ist älter.

DIE GEBURT ALLER HUFTIERE[156] Sekundärzeit (Trias) 50.000.000 v. Chr. und früher

Sie werden sich bis 9.000.000 v. Chr. zu Palaeotheridae (Hipparion, Pferd, Rhinozeros und Tapir) und zu Anoplotheridae (Vorfahren des Ochsen, der Antilope, des Hirsches, der Tragulidae, der Schweine und Hippopotami) entwickeln.

156 Funde 1935 in Scofield, Utah, beweisen: Die Reihenfolge der Evolution ist nicht wie die orthodoxe Wissenschaft lehrt: 1. Huftiere mit fünf Zehen und 2. Huftiere mit einer Zehe.

DER URSPRUNG ALLER HUFTIERE (sowie aller anderen heutigen Lebensformen) ist der damals noch geschlechtslos-protoplasmische Mensch

Vor 100 Millionen Jahren

Millionen von geschlechtslosen protoplasmischen Menschen....

... sondern Substanz ab, die sich zu Millionen geschlechtslosen Tierformen entwickelt die sich...

(Der Mensch teilt sich in Geschlechter um 18.000.000 v. Chr. Der von den Religionen angebetete „Schöpfer" des heutigen Menschen und aller anderen Lebensformen ist somit .... der MENSCH selbst.

Vor 50 Millionen Jahren

... in Geschlechter teilen. Einige dieser Formen haben sich in die Vorfahren der Huftiere geteilt in...

Prä-Paläotherine

Sie (Millionen von ihnen) sind die Urahnen der heutigen...

Prä-Anoplotheridae

Sie (Millionen von ihnen) sind die Urahnen der heutigen...

Heute (21. Jahrhundert)

Paläotherinen

- **Hipparion**
- **Pferd**
- **Rhinozerus**
- **Tapir**

Anoplotheridae

- **Rind**
- **Antilope**
- **Hirsch**
- **Tragulidae**
- **Schwein**
- **Hippopotamus**

DER URSPRUNG ALLER HUFTIERE
(sowie aller anderen heutigen Lebensformen)
ist der damals noch geschlechtslos-protoplasmische Mensch

Vor 100 Millionen Jahren

Millionen von geschlechtslosen protoplasmischen Menschen...

...sondern Substanz ab, die sich zu Millionen von geschlechtslosen Tierformen entwickelt, die sich...

(s. nächste Seite)

(Der Mensch teilt sich in Geschlechter um 18.000.000 v. Chr. Der von den Religionen angebetete „Schöpfer“ des heutigen Menschen und aller anderen Lebensformen ist somit... der Mensch selbst)..

Vor 50 Millionen Jahren

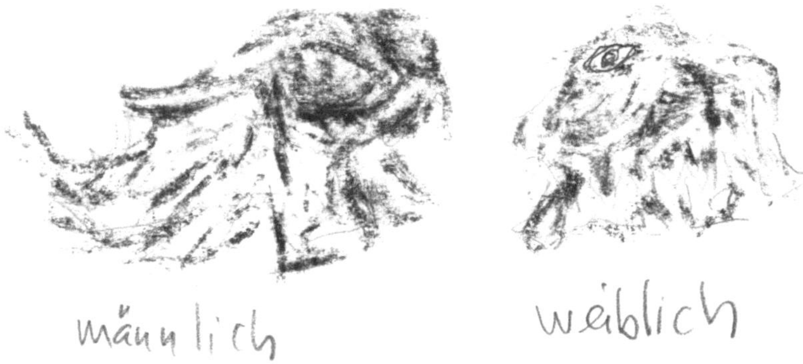

... in Geschlechter teilen. Einige dieser Formen haben sich in die Vorfahren der Huftiere geteilt in

Prä-Paläotherine oder **Prä-Anoplotheridae**

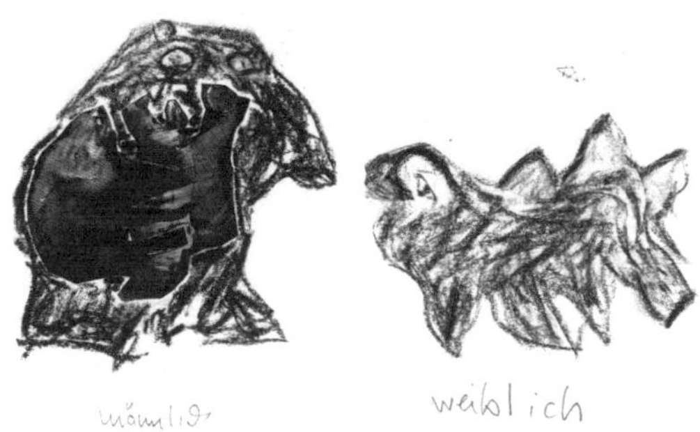

Sie (Millionen von ihnen) sind die Vorfahren der heutigen *Paläotherinen.*

- *Hipparion*
- *Pferd*
- *Rhinozerus*
- *Tapir*

Sie (Millionen von ihnen) sind die Vorfahren der heutigen *Anoplotheridae*

- *Rind*
- *Antilope*
- *Hirsch*
- *Tragulidae*
- *Schwein*
- *Hippopotamus*

HEUTE (21. Jahrhundert)

Millionen von Prä-Paläotherinen sind die Vorfahren der heutigen Paläotherinen

Hipparion

Pferd

Rhinozerus

Tapir

Millionen von Anoplotheridae sind die Urahnen der heutigen Anoplotheridae

Rind

Antilope

Hirsch

Tragulidae (Hirschferkel)

Schwein

Hippopotamus

40.000.000 v. Chr.
Das erste Erscheinen des Vierten Kontinents

ATLANTIS

ATLANTIS tauchte um 40.000.000 v. Chr. auf, nachdem größere Teile von Lemurien versunken und wieder aufgetaucht waren und auf diese Weise zu Atlantis wurden. Gleiches Land, anderer Name.

Der Vierte Kontinent und seine Bewohner. Die Vierte Wurzel-Rasse, aus denen später die Atlantäer wurden.

Fast alle Nicht-Säugetiere und alle Säugetiere (außer dem Menschen) haben sich bis jetzt in die Geschlechter (männlich und weiblich) geteilt und viele von ihnen reproduzieren sich sexuell.

30.000.000 v. Chr.
Die Säugetiere haben sich bis jetzt in männlich und weiblich geteilt

ALLE KALTBLÜTIGEN TIERMONADEN GEHÖREN NICHT ZUM MENSCHEN, SONDERN STIEGEN AUS ENTFERNTEN KETTEN HERAB

Nun sind die meisten Saturn-Engel[157] zufrieden mit den meisten Formen. Einige der Engel inkarnieren vollständig, andere reflektieren einfach einen Funken ihres Bewusstseins (Denkens). Aber viele Androgyne blieben ohne Bewusstsein. Viele Saturn-Engel weisen sie noch zurück. Dieses unterschiedliche Verhalten den Monaden gegenüber ist die Ursache dafür, dass es heutzutage verschiedene Arten von Menschen auf diesem Planeten gibt. Einige wurden weise geboren (diejenigen, in die die Saturn-Engel und andere Mental-Engel sofort inkarnierten), andere sind mittelmäßig (die Mehrheit), weil sie nur einen Funken erhielten und einige wurden unwissend und primitiv geboren (ohne jedes Bewusstsein) und sind dazu verdammt, zu degenerieren[158].
Woher erhalten die Säugetiere ihren Funken, um menschlich zu werden, oh Mahā-Chohan? -Die Säugetiere evolvierten aus den abgesonderten Monaden, die zu den Menschen gehören (mit und ohne Funken), was bedeutet, dass Menschen (auch heute) aus Mineral-, Pflanzen-, Tier- und menschlichen Monaden gemacht sind. Alles, oh Lanoo, schlummert nur und wartet in unbewusster Glückseligkeit, erweckt zu werden, was durch eigene Anstrengung oder durch die Nähe zum Menschen erreicht werden muss, egal, wie schlecht die Tiere manchmal von ihren menschlichen Herren behandelt werden. Sie müssen in der Nähe der Menschen sein, weil sie eines Tages alle selbst Menschen sein werden. Die Tür zum Menschenreich hat sich für die Tiere geschlossen. Sie wissen das nicht (oder doch?) bewusst. Sie wollen sich einfach nur höher und höher in Richtung menschliche Natur entwickeln, von wo sie evolvierten. Bedenke deshalb: Wenn du ein Tier tötest, tötest du einen zukünftigen Bruder oder eine zukünftige Schwester! Die Mehrheit der Menschheit von heute sind selbst Säuge-TIERE, was bedeutet, dass die Monaden in den Säugetieren diese und ihr Reich verlassen haben und in das nächst höhere Reich aufgestiegen sind bzw. reflektierten. Diese Möglichkeit endet zum Mittelpunkt der Vierten Runde (9.000.000 v. Chr.). Sieh nur in ihre Gesichter, und du kannst oft die Linie der Tierevolution erkennen, aus der

---

157 Die Saturn-Engel bzw. Herren des Denkens wurden auch „Söhne des Denkens“ oder Mānasaputras genannt. Ein anderer Name, der ihnen später gegeben wurde, war Agnishwāttas („Feuermeister“), was hier aber nicht das niedere kreative Feuer oder die Astralrasse oder Barhishad bedeutet, sondern das Feuer des Geistes oder auch mahātmisches oder höhere Manas. Sie werden die Kārana Śarīra (Wirkung oder handelnde Form) auf der Ebene der Totenseele, Sutraman, die durch alle Prinzipien führt.

158 Was den Weisen auch ganz leicht passieren könnte, wenn sie ihr Wissen und ihre Kraft missbrauchen.

sie evolvierten. Aber wir stammen alle von Himmlischen Heerscharen ab. Sogar ein Stein, oh Lanoo, ist im Wesentlichen die Reflexion einer Monade oder eines himmlischen Menschen. OM sei Parabrahm, jenseits jeglicher (auch Brahmans) Vorstellung. Werden wir Parabrahm jemals kennen? - Niemals, oh Lanoo. Und doch SIND wir dann, nämlich FREI von aller Wahrnehmung und Empfindung.

Wichtig: Jene, in die die Mānasaputras sofort inkarnierten, wurden Buddha oder Christus oder andere große Führer der Menschheit. Ein anderer Grund dafür, dass die Androgynen begannen, Knochen und Spuren von Hirn im Inneren ihrer proto-plasmischen[159] Körper zu entwickeln, war die sich verändernde magnetische Bedingung, die wir nun Schwerkraft (Gravitation) nennen. Die Erde und ihre Geschöpfe sind zwei Magnete. Als die Erde und ihre Geschöpfe sich mehr und mehr verdichteten, mussten die Androgynen ihre gelatineartige Struktur stabilisieren, um den Körper aufrecht zu halten, so dass das Bewusstseinszentrum auf der Spitze des Vehikels bleibt. Die Androgynen entwickelten zwei Wirbelsäulen und ein Hirn (obendrauf), beides bildete sich um eine zentrale, senkrechte Linie bzw. ein Gravitationszentrum.

Sieh, Lanoo, ein voll entwickeltes androgynes Hirn mit vier Haupthemisphären (heute sind es zwei), aber es gab unzählbare Variationen, obwohl noch nicht wie heute (21. Jahrhundert) getrennt in linke und rechte Hirnhälfte.

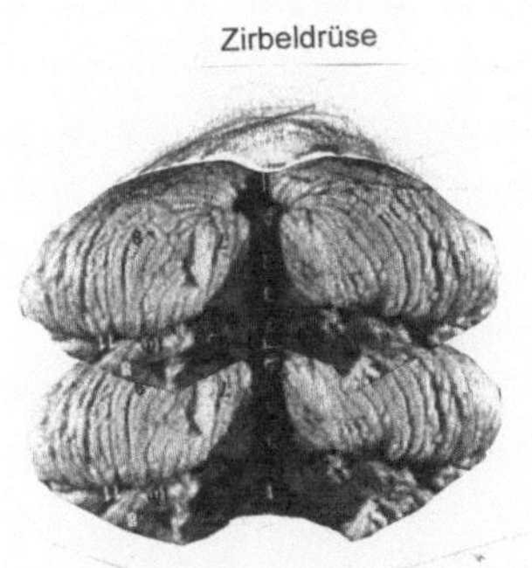

Materialisierte Entwicklung um 30.000.000 v. Chr. Das „menschliche" Hirn bestand also im Wesentlichen aus Kleinhirn und Zirbeldrüse und war viel größer als das menschliche Hirn heute. Das Hirn wächst entlang der ätherischen Matrix von unten nach oben.

159 Ein Geheimnis, oh Lanoo: Die androgynen Schweißgeborenen bestanden aus weißen Blutkörperchen. Mit anderen Worten: Wir (als androgyne Rasse) waren weiße (grau-weiße) Blutkörperchen. Diese weißen Blutkörperchen haben in unseren physischen Körpern bis heute überlebt. Die weißen Blutkörperchen von heute sind wie die, aus denen unsere physischen Vorfahren um 90.000.000 v. Chr. bestanden.

Zwei Kleinhirne und ein verlängertes Rückenmark erscheinen über den oberen Enden der zwei Wirbelsäulen. Die zwei Kleinhirne, die die Muskelkoordination bestimmen, veranlassen die Wesenheit, sich hauptsächlich kreisförmig um sich selbst und andere zu bewegen. Weil der Kreis die perfekte Figur ist, bewegen sich die Götter kreisförmig.

Die Zirbeldrüse, Träger einer Monade, ist voll entfaltet (obwohl noch unbewusst...) in ihrer Aktivität. Der Rest des Hirns ist noch nicht voll entwickelt. Warum? Weil die Androgynen noch kein Denken bzw. noch keinen Mentalkörper erhalten haben, ist das Geschöpf nichts anderes als rotierende Glückseligkeit.

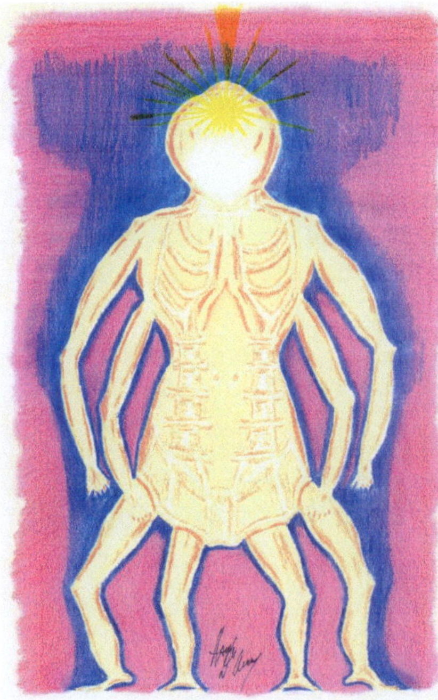

Die ersten androgynen „Menschen“ mit zwei Wirbelsäulen. Mit Spuren von Hirn und inneren Organen. Aber noch ohne Denken

Auf diese Art und Weise, oh Lanoo, entstand die Rasse mit Knochen aus der (vorhergehenden) knochenlosen Rasse, und genau das ist gemeint (wenn auch in verhüllter Form), wenn wir in *Genesis* lesen, dass Eva[160] aus der Rippe von Adam gemacht wurde, nämlich, die Rassen mit „Knochen“ aus den knochenlosen.

160 Europäische Übersetzung von 362, Chavah = Mutter allen Lebens und nicht, wie einige denken, vom Tahitianischen IVI (Knochen).

„Eva“ ist nur eine Bezeichnung, die für die Rasse mit Knochen verwendet wird. Wir sagen zwar „Knochen“, müssen jedoch wissen, dass diese Knochen damals fast so weich waren wie unser Fleisch heute. Obwohl immer noch geschlechtslos, hatte der androgyne „Mensch“ um 30.000.000 v. Chr. jedoch (schon lange vorher) Zitzen entwickelt, um seinen Nachwuchs mit Nahrung zu versorgen. Ein androgynes menschliches „Säugetier“ ist also Vater/Mutter anderer Säugetiere und menschlicher Wesen. Millionen von Androgynen evolvierten Millionen und Milliarden tierischer und menschlicher Säugetiere und nährten sie.

Androgyner Mensch um 30.000.000 v. Chr.

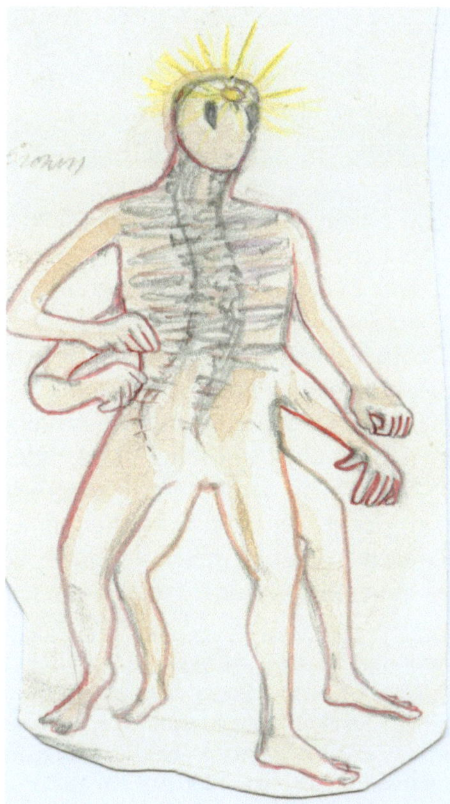

Dies ist nur eine von fast endlos vielen Variationen androgyner menschlicher Lebensform. Höhe: Noch immer über 100 Fuß und weniger. Dieser Prototyp hat 140 Gelenke.

Mānasaputra (zweiter Klasse) oder Saturn-Engel[161] stattet die Menschheit mit dem Denken aus.

Das Geschöpf ist nun mit einem Mentalkörper ausgestattet und also in der Lage, sich seiner glückseligen Natur bewusst zu sein. Dieses Bewusstsein bewirkt, dass das androgyne Hirn mehr von unten nach oben entlang seiner ätherischen Matrix wächst und Lappen entwickelt. Sie werden die Behälter göttlichen Denkens werden. Nun weiß das Geschöpf: ICH BIN! (Vorher waren die menschlichen Androgynen rotierende Glückseligkeit, aber sie wussten es nicht). Dieses Bewusstsein wird durch die Bildung der upādhi oder des Vehikels des Denkens im menschlichen androgynen Hirn[162] um 30.000.000 v. Chr. realisiert. Und es ist dieses Vehikel des Denkens, das wir nun Hypophysis Cerebri oder Zirbeldrüse nennen bzw. was dazu degenerierte. Eine Drüse, von der die Wissenschaft denkt, sie habe keine Funktion. Wenn sie nur diese (wenn auch verkümmerten) Drüsen in Aktion sehen könnten! Wenn zum Beispiel in einem erleuchteten Körper das Feuer der Manas (getragen von der Zirbeldrüse) die Upādhi

---

161 Mānasaputra oder einer der Träger der Engel. Es war nicht immer ein Mānasaputra für jedes Geschöpf. Oh Lanoo, Denken oder ‚Manas' besteht aus Monaden. Alles besteht aus Monaden. Man könnte die, die das Denken gaben, auch wie folgt nennen: Wiederkehrende Nirvānees eines vorausgehenden Mahā-Manvantara (halb-esoterischer Schlüssel) oder auch ‚Flammen', abgeleitet vom kreativen Feuer, was hier das Feuer der Leidenschaft bedeutet, was die Leidenschaft der Barhishad oder der lunaren Vorfahren (Pitris) ist.

162 Was beweist, dass dein Hirn nicht dein Denken ist, sondern das Vehikel bzw. der Behälter (Upādhi) des Denkens. Das Denken ist eine Aura, die zum Intellekt wird, wenn sie einmal das Hirn passiert hat. Sei nicht zu mental, oh Lanoo. Gehirn-Denken ist Maya (Illusion).

oder den Körper oder die Basis der Buddhi, welche die Hirnanhangdrüse ist, berührt, wirst du erleuchtet. Ein anderer Weg der Erleuchtung wäre, dass Kundalinī dich durch Keuschheit und Studium (des *BUCHES DES LICHTS*) führt, die Hirnanhangdrüse berührt, die Zirbeldrüse „zündet“ und auf diese Art und Weise die gesamte Hirnmaterie erleuchtet und das Fenster in die zeitlose Unsterblichkeit öffnet. OM. Die Ursache dafür, dass Wissenschaftler heutzutage nichts über die Struktur des Hirnes und seiner Drüsen sagen (und wissen), ist die, dass sie sich hauptsächlich mit toter Materie und toten Körpern beschäftigen. Nach dem Tod zerfällt das Hirn schneller als jedes andere Organ oder Zellgewebe des menschlichen Körpers. Was vorher mit pulsierendem Leben gefüllt war, zerfällt innerhalb von Minuten nach dem Tod. Die Hirnmasse vermischt sich, und eine exakte Analyse ist unmöglich. Die Zirbeldrüse ist absolut kein nutzloses Organ. Wenn Kundalinī steigt, gibt es eine „Zündung“ von Manas zu Buddhi bzw. von der Hirnanhangdrüse zur Zirbeldrüse, und du erlangst alles Wissen. Die Aktivität der Drüsen, besonders der Hirnanhang- und der Zirbeldrüse bewirkt, dass du sagst: „Ich bin froh“ (engl. I am gla(n)d: gland = Drüse, glad = froh). „Froh“ (engl. ‚glad’ ist also von ‚gland’ = Drüse abgeleitet). ‚Gland’ (Drüse) war zuerst da, denn nur eine funkionierende Drüse sichert „glandness“ bzw. „gladness“ (engl. Freude). OM. Statt zu sagen, die Drüse war zuerst, könnten wir auch sagen: Zuerst gab es das „Organ“, dann den Namen, der später zum lateinischen Wort „Glandula“ wurde. Glandula oder Gland (Drüse) in Aktion schafft gladness (Freude). Also bedeutet glad ‚fröhlich’ und hat nichts zu tun mit dem deutschen ‚glatt’ (wie Webster behauptet), denn die deutsche Übersetzung für ‚glad’ ist ‚glücklich’ oder ‚fröhlich’ und nicht ‚glatt’. ‚Glatt’ bedeutet ‚gleichmäßig’, ‚eben’, ‚poliert’ und überhaupt nicht ‚froh’. Aber: Um 30.000.000 v. Chr. und später waren die Hirnanhangdrüse und die Zirbeldrüse EINS. Ihre Trennung vollzog sich später, um 18.000.000 v. Chr.

Zehn (10) ist die perfekte Zahl, oh Lanoo, und Androgynität (wenn bewusst erlebt) ist der perfekte Daseinszustand. Sieh einen Schlüssel zu dem Geheimnis: Brahman, der Punkt im Kreis ⊙ befruchtet die Linie und verändert sich zum Durchmesser **Ø**. Aber Brahman ist noch nicht manifestiert.
Nun entferne den Durchmesser aus dem Kreis (Zahl von der Nicht-Zahl)[163], also so:**O**. Bringe den entfernten Durchmesser in eine aufrechte (menschliche) Position vor den Kreis (**IO**), und du hast 10, was Brahman in Manifestation ist oder: Das Universum. Das Universum ist 10, und das Universum ist der Mensch im Kleinen. Deshalb ist der Mensch zehn, und zehn ist der Mensch (der androgyne Mensch). Genauer gesagt ist 10 die Frau (zehn Öffnungen in ihrem Körper).

-Wenn die androgyne Form die perfekte ist, oh Mahā-Chohan, warum dann (später) Teilung in Geschlechter? - Weil viele der Mānasaputras um 18.000.000 v. Chr. zöger-

163 Obwohl alle Zahlen von 1 auch Zahlen von Nicht-Zahlen sind...

ten, in die Dritte Rasse einzudringen. Wenn sie ihre Pflicht erfüllt und den Geschöpfen im richtigen Moment das Denken gegeben hätten, hätte sich die menschliche Rasse nicht in männlich und weiblich getrennt – was die Hauptursache für alles Leiden auf diesem Planeten ist. -Ist ein Yogi, der allein in den Bergen meditiert, egoistisch, oh Mahā-Chohan? -Nein, oh Lanoo, von ihm ergießt sich Freude in Millionen Seelen, auch wenn er „nur" ein paccika oder pratyeka ist.

Seit über 48 Millionen Jahren, von der zweiten Hälfte der Primärzeit (Kohle, Perm) bis zur ersten Hälfte der Sekundärzeit (Trias, Jura) evolvierte eine fast unbestimmte Menge von Variationen der Lebensformen, spirituell motiviert und geführt von Stein-Pflanze-Tier- und menschlichen Monaden. Alle Formen waren androgyn. Wir bewegen uns auf den Mittelpunkt der dritten Wurzelrasse zu. Die Natur arbeitet niemals in Sprüngen. Da sich die Rassen überlappen (einige Arten der dritten androgynen Rasse waren bereits erschienen), ist es sehr schwierig, über einen exakten „Anfang" und ein exaktes „Ende" zu sprechen.

Sieh, oh Lanoo, einige der zahllosen Lebensformen im androgynen Tierreich vor 50.000.000 v. Chr.

ZUSAMMENFASSUNG

Erscheinen von Kohlendioxid (CO_2) und Sauerstoff (O_2) als Verbindung zwischen Mensch, Tier und Pflanze. Astrale Menschen[164] und Tiere verdichten sich und exhalieren CO_2. Dieser Impuls veranlasst die dann verdichtete Vegetation, Kohlendioxid zu inhalieren und Sauerstoff zu exhalieren, der dann vom Menschen eingeatmet wird, wodurch der Kreis geschlossen ist. Bei Erscheinen des Wassers (zu Flüssigkeit verdichtete Astralmaterie) verbindet sich CO_2 mit dem Wasser und wird zu Kohlensäure oder H_2CO_3.

Der Engel des Sauerstoffs

Astrale und semi-astrale Rückstände von Pflanzen und Tieren bilden später die organischen Felsen und Steine. Aber sie werden zu Relikten späterer Evolutionen werden. Vorher gab es bereits astrale Minerale, die zu dem wurden, was wir heute zum Beispiel Sand, Kies, Schlamm und Lava nennen. Sand, Kies und Schlamm entspringen einer Verbindung von Erde, Wasser und Feuer, Lava ist manifestierte Ausdünstung kosmischer Materie (6. Prinzip), die wiederum eine der Manifestationen des einen Elements ist. OM.

164 Einige riesige tierische Lebensformen verdichten zuerst. Aber sie sind (noch) keine Gefahr für einen Astralmenschen, der seine astral-transparente Struktur unterbrechen, wieder verbinden und rearrangieren kann.

Konstellation des Tierkreises vor mehr als 18.000.000 v. Chr. und vor der Trennung der Geschlechter

Dieser Kreis ist (kabbalistisch) noch nicht geschlossen. Damals gab es nur sechs aufsteigende Zeichen, nämlich: Widder, Stier, Zwillinge, Krebs, Löwe und Jungfrau-Skorpion (die damals eins waren). OM. Viele Millionen Astralwesen sind von jenen Söhnen des Denkens, die während früherer Runden auf dem Mond schon Dhyān-Chohans oder Agnishwātta waren), mit dem Denken ausgestattet worden. Sie haben die Astralrasse gesät, denn es war ihre eigene Tiermonade auf dem Mond. Und hier auf der Erdkette vereinigten sich die Dyhān-Chohans vom Mond mit ihren eigenen Tiermonaden, die nun ... wir sind. Diejenigen, die noch zögerten, das Denken zu geben, sind erst während der siebenten Runde auf dem Mond Dyhān-Chohans geworden.

Es ereignet sich gerade ein kosmisches Drama, und keiner der Beteiligten weiß es. Dieses kosmische Drama wird seinen Höhepunkt im Krieg im Himmel haben. Aber noch ist Frieden. Das kosmische Gesetz, geleitet von den Herren des Karma, muss erfüllt werden. Sechs aufsteigende Zeichen des Tierkreises sind nur notwendig, um die Evolution der Welten in ihren extremsten Zustand, nämlich Geist, der tief in die Materie taucht und zeitweilig von ihr überwältigt wird, zu initiieren und zu reflektieren. Alles arbeitet noch immer nach kosmischem Gesetz oder karmischem Plan. Aber jene, die zu Rebellen des Universums[165] werden sollen, wissen es selbst noch nicht.

DIE ERSTE WURZELRASSE

Die erste Wurzelrasse ist, wie bereits erwähnt, gehüllt in eine kosmische Allegorie, in den Purānas, in der Vishnu-Purāna, Buch III, Kapitel 2, wo Sanjnā, die Tochter von Viswakarman, ihren Astralkörper oder chhāyā gab und sich dann in den Dschungel zurückzog. Denke daran, dass die erste Rasse zuerst astral war und sich durch sexlose Fortpflanzung vermehrte, indem sie von den Körpern der pitris abgesondert wurden.

In einer anderen Hinduschrift verführte die Nymphe Pramlocha den weisen Kandu. Er verflucht sie, sie flieht, ihren Körperschweiß mit den Blättern eines Baumes verwischend. Das Kind, das sie von Kandu empfangen hatte, wird durch die Poren ihrer Haut geboren, was eindeutig auf die Schweißgeborene Rasse hinweist, die hier im *BUCH DES LICHTS* als zweite Wurzelrasse erwähnt wird.

---

165 siehe Anhang

DIE SPÄTE ZWEITE, FRÜHE DRITTE RASSE

Das gleiche Beispiel kann für die frühe dritte Rasse verwendet werden, da auch sie aus „Schweißtropfen" gebildet ist. Diese wachsen, nachdem sie vielen Veränderungen unterzogen wurden, zu menschlichen Körpern heran. Dieser Prozess wiederholt sich sogar heute (21. Jahrhundert), wenn der menschliche Fötus von einem nicht wahrnehmbaren Keim zu einem Kind und dann zu einem voll ausgebildeten Menschen heranwächst.

DIE ANDROGYNEN
(latent männlich-weiblich)

Aristophanes erwähnt die androgyne oder hermaphroditische Rasse schon in *Plato's Banquet* als „die, die den Rücken und die Seiten in einem Kreis haben", deren „Art zu laufen kreisförmig war ... schrecklich an Kraft und Stärke und mit ungeheuerlichen Ambitionen[166] ". Die Madagassen lehren, dass der erste Mensch lebte ohne zu essen, aber als er zu essen und zu verdauen begann, wuchs eine Schwellung an seinen Beinen, und ein weibliches Geschöpf erschien. Dieses Märchen macht Sinn, wenn es, wie die Geschichte über Zeus, mit dem esoterischen Schlüssel gelesen wird. Folgendes ist Tatsache: All die alten Sagen und Schriften aller Nationen lehren (wenn auch verhüllt) Anthropologie und Kosmologie, wie jetzt im *BUCH DES LICHTS* enthüllt wird. OM.

Viele kleinere Ruheperioden ereigneten sich bis zur Teilung der Geschlechter 18.000.000 v. Chr.

-Ist Pralaya Vernichtung, oh Mahā-Chohan? -Pralaya ist Status quo oder eine Periode der Auflösung. Es gibt ein Pralaya für Steine, Pflanzen, Tier, Menschen, Engel, Götter und sogar für Brahman. Alle Dinge müssen für eine bestimmte Zeit im Ruhezustand sein, um wiedererweckt zu werden, wenn die Stunde wieder schlägt. Pralaya ist Ruhe, Manvantara ist Aktivität. OM. Oder: Schlaf ist Pralaya für deinen physischen Körper, aber nicht für deinen Astralkörper. Pralaya für den Astralkörper kommt nach dem „Tod" und (astraler und mentaler) Hölle. Eine universelle Flut ist Pralaya für alles Leben auf dem Land. Es gibt kleinere und größere Pralayas. Wenn ein Planet durch Wasser und/oder Feuer erneuert (zerstört) wird, dann ist er (der Planet) in Pralaya. Danach erwachen alle Lebensformen neu aus ihrem Status quo heraus. Woher erwacht das Leben neu? Und wo wird es während Pralaya „gelagert"? In Ākāśa, und aus Ākāśa heraus werden die astralen Lebensformen wieder manifestieren, wenn das planetarische

166 Weil sie kein höheres Denken hatten (wegen des Zögerns der Mānasaputras oder der „Herren des Denkens", in sie zu inkarnieren).

Pralaya vorüber ist. Unser Planet Erde wurde zweimal durch kosmisches Feuer und durch Wasser zerstört. Und zwischen diesen Pralayas gibt es viele kleinere und /oder kontinentale Pralayas: Alte Kontinente versinken unter den Wassern, neue steigen empor, bereit, neue Lebensformen zu empfangen. Und das ist Weisheit und Wissen: Das Sinken von Kontinenten unter bzw. das Emporsteigen aus den Wassern ist die Art und Weise, wie unsere Erde atmet. OM. Es gibt unvermeidbare Zyklen der Zerstörung, oh Lanoo. Sie werden nicht von unmoralischem Benehmen der Menschheit verursacht, sondern von dem GESETZ. OM.
Pralaya ist notwendig, um alte Formen zu zerstören und neue zu evolvieren, so dass der unerschaffene, ewige und unsterbliche Geist auf allen Ebenen Bewusstsein erlangen kann, um sich schließlich seiner unerschaffenen, ewigen und unsterblichen Natur bewusst zu werden. OM an Śiva, den wohltätigen Zerstörer. OM.
Halte dieses Wissen um die (genauen) Perioden von Pralaya vor allzu weltlichen Menschen zurück. Sie könnten dieses Wissen dazu missbrauchen, ihre Leidenschaft und ihr Verlangen zu rechtfertigen, in dem sie sagen: „Wenn wir sowieso sterben, dann können wir auch die Extreme ausleben!“

Dumm sind diejenigen, die solch schlechtes Karma für ihren Geist verursachen. Nach einem Pralaya wird es ein neues Manvantara (Periode der Aktivität) geben, und dann muss jeder (Geist-Seele) die Dinge ausleben, die er vor dem Pralaya verursacht hat.

Es herrscht Angst, dass unser Planet bei einem Atomkrieg zerstört werden könnte. Das ist Unsinn. Dieser Planet kann nicht „zerstört“ werden, weil er ein Energiezentrum ist, und Energie ist unzerstörbar, wie wir wissen. Im Falle eines Atomkrieges würde sich die Erde zu einem Feuerball verändern, aber ein Energiezentrum wäre sie immer noch, in und um Laya (ein früheres „schwarzes Loch“) rotierend. Wenige Millionen Jahre später würde die Erde wieder eine feste Struktur erreichen[167]. Die Monaden (Geist-Seelen) würden wieder herabsteigen und müssten (in neuen, außerhalb der Astralebenen der Erde gebildeten Formen) jedes winzige bisschen dessen ausleben, was auch immer dieses (künstliche) Pralaya verursacht hat. Die Menschheit würde an den Folgen dieses Atomkrieges immer und immer wieder leiden, bis sie lernt, dass es besser ist, in Frieden zu leben. Du sagst, das ist ein hoher Preis, oh Lanoo? Aber die Form ist nichts! Das Leben schafft Formen, und das Leben überdauert jedes Atom der Form. Wen kümmert es, wie lange die Menschheit braucht, um wieder einfach, rein und unschuldig zu sein? Das Gesetz hat eine Ewigkeit an Zeit (und mehr), um von uns befolgt zu werden. OM, OM an Parabrahman und OM an Śiva.

---

167 Und wenn nicht, dann würden unsere astralen Monaden auf andere Globen herabsteigen und ihr Karma dort ausleben oder sie würden warten, bis unser Planet wieder eine feste Struktur angenommen hat.

Um 18.000.000 v. Chr.[168], Sekundärzeit (Jura-Kreide)
DIE ANGROGYNEN MENSCHEN BEGINNEN SICH IN MÄNNLICH UND WEIBLICH ZU TEILEN
Die Sonne ist im Löwen

(Ein Drittel der Mānasaputras oder Söhne des Denkens weigern sich noch, das Denken zu geben und verursachen so eine Rasse ohne Denkvermögen)

Es gab niemals ein einziges Paar Adam und Eva, sondern Millionen von androgynen Menschen teilten sich in Millionen von Männern und Frauen. So wie eine Zelle sich in zwei teilt.

Sekundärzeit, zwischen Jura und Kreide[169], Mesozoikum, Zeitalter der Reptilien. Alle SäugeTIERE hatten sich schon lange vorher in Geschlechter geteilt (männlich und weiblich) und hatten folgerichtig Brüste und eine Plazenta entwickelt. Die menschlichen Androgynen mit zwei Wirbelsäulen verändern sich zu (noch latenten) männlichen und weiblichen mit einer Wirbelsäule. OM.

---

168 Ca. 9.000.000 Jahre vor dem Mittelpunkt der Vierten Runde oder dem chronologischen Ende des ersten Manvantara (2.Runde). Genaue Anzahl der Jahre bis 1990 n. Chr (Fertigstellung des engl. Originals *THE BOOK OF LIGHT*).: 18.618.827 Jahre sind seit der Teilung der Geschlechter in Mann und Frau vergangen.

169 hatte die Natur der Kreide

ERSTES ERSCHEINEN VON TEILEN DES HEUTIGEN NORD UND SÜDAMERIKA[170],

die Teile des Lemurischen Kontinents sind oder werden, obwohl Atlantis breits existiert

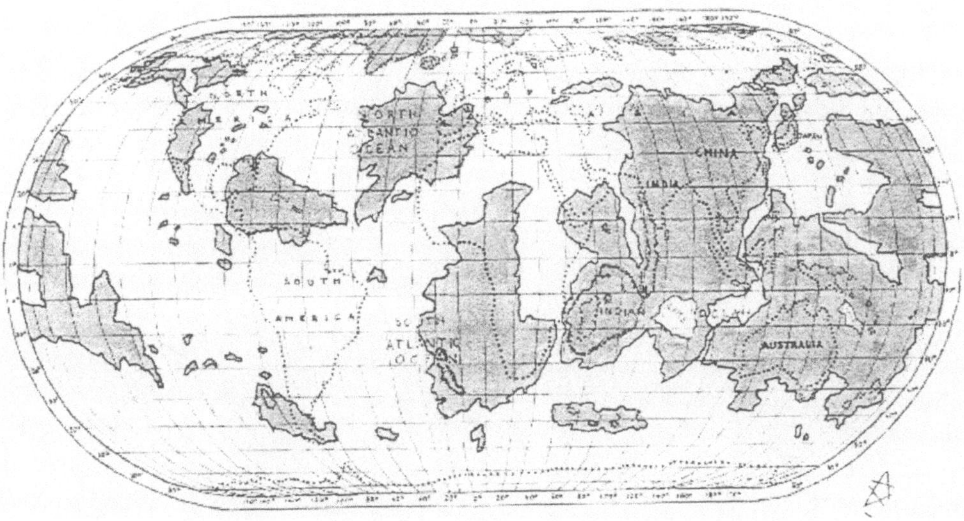

Mehr Beweise für die Tatsache, dass der Mensch bereits 18.000 000 v. Chr. existierte und der Zeitgenosse gigantischer Reptilien war, welche mit der Masse der dritten Wurzelrasse aufhörten zu existieren

Es sind ausgestorbene Tierarten, die vor Millionen von Jahren von der Erdoberfläche verschwunden sind. Wie können wir dann genau diese Arten finden, detailliert beschrieben von Nationen, deren Zivilisationen – laut orthodoxer Wissenschaft – vor wenigen tausend Jahren begannen? Die Antwort darauf ist, dass die riesigen Vorfahren dieser Nationen Zeitgenossen dieser riesigen Reptilien waren und ihre Beschreibungen von Generation zu Generation weitergaben, was uns zeigt, dass der Mensch lange vor dem Tertiär auf diesem Planeten erschien und nicht, wie die Wissenschaft behauptet, während des Mittelpunktes.

---

170 Sie werden um 800.000 v. Chr. während bzw. parallel mit einem anderen Hauptteil von Atlantis sinken und wieder aufsteigen

Dieser „Fall“ der Menschheit in die sexuelle Fortpflanzung oder in Adam und Eva, der sich während des Mesozoikums oder des Zeitalters der Reptilien ereignete, wird sogar im Zohar, der alten zoroastrischen Mss. Aschmogh[171] und in alten chinesischen und japanischen Zeichnungen bewiesen, wo der „Fall“ in Gegenwart einer Schlange geschah. Die Bibel beschreibt: Adam und Eva wurden in Versuchung geführt von der Schlange, aber es war eine notwendige Versuchung, weil der Mensch von der „verbotenen Frucht“ des Lebens kosten musste, um dann zu überwinden und Befreiung zu erreichen.

Die Propheten sprechen von fliegenden feurigen Schlangen (auf diese Art und Weise genau das wiederholend, was ihnen von Generation zu Generation weitergegeben wurde, bis zurück zu den androgynen Rassen und ihren Nagas). OM. Deshalb bedeutet die Schlange Weisheit, Kenntnis von Gut und Böse, aber gleichzeitig ist sie auch ein wirkliches Reptil, das um 18.000.000 v. Chr. mit Adam und Eva koexistent war. OM der Weisheit und dem Wissen.

Sieh, ein Drache mit langem Hals, 50 Fuß hoch, gezähmt von einem Mann der dritten Rasse (40 Fuß hoch) um 18.000.000 v. Chr.

171 So nannten sie die riesige Schlange, das Symbol der Weisheit.

Von nun an ist der Mensch ein fünfeckiger Stern

TOD **Der Geist ist von der Materie getrennt**	**GEBURT** **Geist fällt in Materie**

„Der Tag, an dem jemand stirbt, ist besser als der Tag, an dem jemand geboren wird." (Eccl. 7:1)[172]

Von nun an ist das Gesetz von Karma und Reinkarnation viel stärker in Bewegung, jedoch noch nicht voll im Schwung... Der Mensch ist eine unsterbliche Seele bzw. ein Geist mit einem sterblichen Körper. Die Kirche wird später lehren, dass der Mensch sterblich ist und dass nur jene, die einem Jesus folgen, unsterblich werden. Aber ihre eigenen Schriften beweisen, dass sie sich irren. Das Neue Testament enthüllt: „Gott ist Geist... Es ist Geist, der anregt" (den Körper animiert, Lanoo) – (John. 4:24, 6:63). „Du bist der Tempel Gottes, und Gott wohnt in Dir" (und ist demzufolge du, Lanoo) – (1 Cor. 3:F6). Und: „Ihr seid Götter!"

Die sich abwärts bewegende Gruppe der Tierkreiszeichen oder Konstellationen entsteht. Fünf weitere Zeichen erscheinen. Es sind die Fische, Wassermänner, Steinböcke, Skorpione (oder Skorpion-Jungfrau) oder besser Skorpion und Jungfrau. Skorpion und Jungfrau sind jetzt getrennt.[173]

Der Steinbock enthält 20 Häuser oder 1/3 mehr als heute (21. Jahrhundert, 13 Häuser). Die Waage ist nun das Messgerät (Skala, Gradeinteilung), und alles entwickelt sich von nun an aufwärts zurück zum Geist. OM. Die Waage, das Gleichgewicht, drückt auch aus, dass der niederste, vulgärste Punkt der Evolution fast erreicht ist und dass die Kräfte bald im Gleichgewicht sein werden. Von da an bereitet sich das ganze Universum darauf vor, zu seinem ätherischen (und dann ākāśischen) Zustand zurückzukehren bis zur „endgültigen" Auflösung oder dem Mahā Mahā Pralaya für 311.040.000.000.000 weltliche Jahre. Aber das Erscheinen der Waage zeigt auch, dass ungefähr die Hälfte der Lebenszeit von Brahman (über 50 Jahre von Brahmā) oder die Hälfte von 311.040.000.000.000 vorbei sind.

---

172 Siehe auch 1 Cor. 15:54: „Der Tod wird verschlungen vom Sieg."

173 Oder die Trennung der Geschlechter wird eingeleitet durch die Trennung von Jungfrau-Skorpion

DIE SIEBEN SIEGEL

DIE BILDUNG DER SIEBEN SIEGEL ODER SIEBEN CHAKRAS DES MENSCHEN UND IHRER ENTSPRECHENDEN (zuerst astralen) ORGANE

Die Monade, ausgestattet mit allen Vehikeln, war wegen ihrer para-hohen Schwingung (Fohat wird zu Kundalinī) dabei, das halb-verdichtete (werdende) menschliche Geschöpf zu verschlingen. Die Engel steigen wieder herab, um das Geschöpf mit ätherischen Energiekanälen auszustatten, um die ganze Kraft der Monade über dem Geschöpf „auszuschütten" und so also die überwältigende Lebensmacht zu übertragen, die die Entwicklung der Organe verursacht und sie mit rotierenden Rädern oder Chakren versiegelt, die aus der entsprechenden Substanz (ätherisch, astral, mental, spirituell) des entsprechenden Vehikels gemacht sind. Und so wird das Rätsel enthüllt:
Wichtig: Alle Chakren oder Räder sind in ihren Aspekten oder ihrer Wurzelnatur bereits in die astralen, mentalen und spirituellen Körper eingeprägt und werden jetzt von den verschiedenen engelhaften Mächten nur gestärkt, verdickt oder VERSIEGELT. Des Weiteren: Jeder Prozess des Versiegelns schafft Chakren in allen sieben Vehikeln und ihren entsprechenden Energiezentren in der Hirnregion.

DAS ERSTE SIEGEL

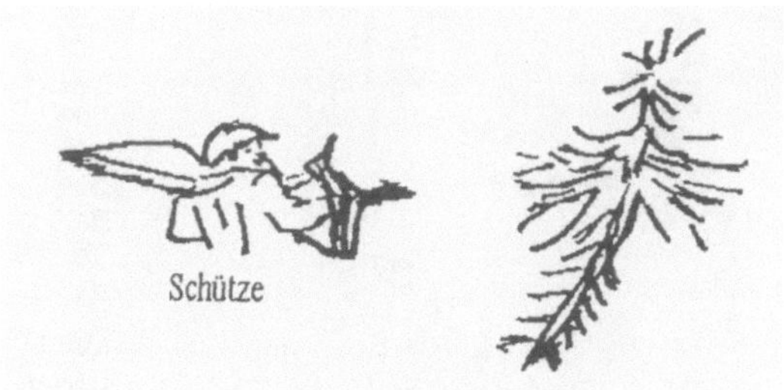

Der Engel des Saturn stattet das (werdende) menschliche Geschöpf mit dem Ersten Siegel (muladhara chakra) am unteren Ende des (immer noch sehr weichen[174] doppelten) Rückenmarks/Rückgrats am unteren Ende des Cerebo-Spinalkanals aus. Oh, Lanoo, das Höchste reflektiert zuerst und immer in das Niederste, um später durch alle Chakren (Siegel) aufzusteigen und so die Siegel zu öffnen und das Geschöpf zu befreien. OM. Auch durch die unterste Chakra bzw. das unterste Siegel behält es immer noch etwas von seiner Reinheit, was manchmal in einer Abneigung gegen Sinnesfreuden und gegen jeglichen Missbrauch der kreativen Funktion (Anal- und Oralsex usw.) resultiert.

174 *DAS BUCH DES LICHTS* wird enthüllen, was passiert, wenn die Siegel einmal geöffnet sind...

DAS ZWEITE SIEGEL

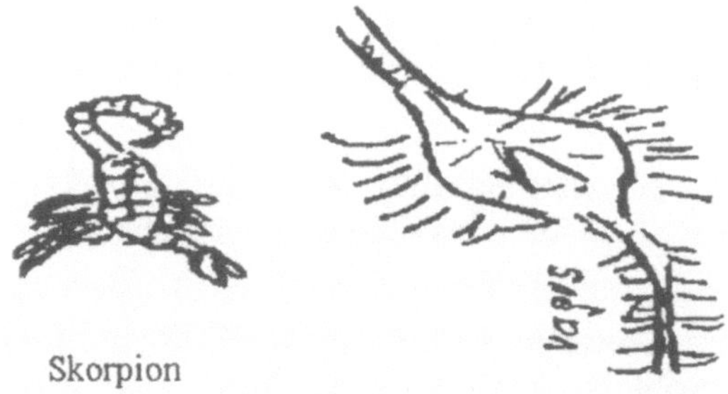

Der Engel des Jupiter versorgt das Geschöpf mit dem Zweiten Siegel (adhisthana chakra), das später als entsprechende Organe die Prostata[175] beim männlichen Geschlecht und eine ähnliche, jedoch kleinere Drüse beim weiblichen schafft. Das Zweite Siegel, Zentrum des Astralkörpers, verursacht 72.000 Nadis oder Astralkanäle, die psychische Substanz tragen.

DAS DRITTE SIEGEL

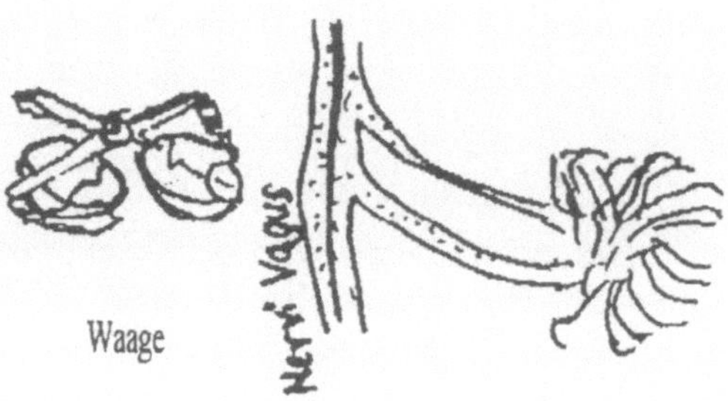

Der Engel des Mars platziert das Dritte Siegel (manipuraka chakra) in das Geschöpf. Das verursacht das Erscheinen oder vielmehr die Bildung des Trägers dieses Siegels, des Sympathikus, Hauptzentrum des vegetativen Nervenzentrums. Dort wird „das Verlangen an die Kette gelegt wie ein wildes Tier“ (Plato). Um diese Energien mit der befreienden höheren Mentalnatur zu verbinden, schuf der Engel des Mars in einer zusätzlichen Anstrengung die Struktur der späteren Leber[176].

175 Die Prostata sondert mit Hilfe von Coper's Drüsen ein Öl ab, das ins Blut dringt und alle Chakren und ihre Organe belebt.

176 Es ist tatsächlich das unentbehrliche, später kompakte, glatte, süße und bittere Organ desjenigen, der LEBT, oder: Die „Leber“.

DAS VIERTE SIEGEL

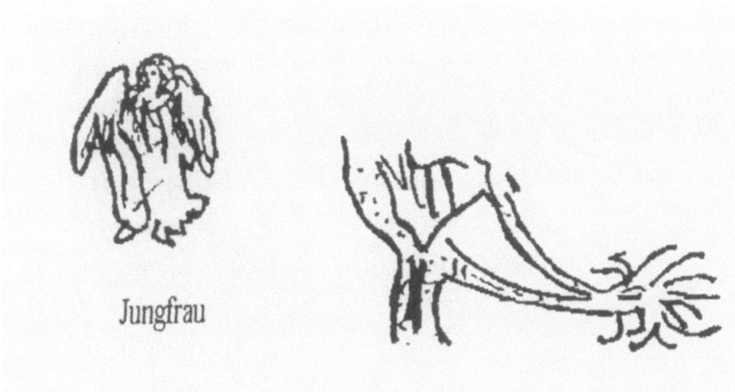

Der Engel der Sonne platziert das Vierte Siegel (anahata chakra) im Geschöpf. Dieses Siegel wird später zum Herzzentrum manifestieren bzw. dieses schaffen.
Das Herz wird besonders nach der Trennung der Geschlechter das Zentrum höheren psychischen Bewusstseins. Das Herz ist ein Ventil, kein Muskel.

DAS FÜNFTE SIEGEL

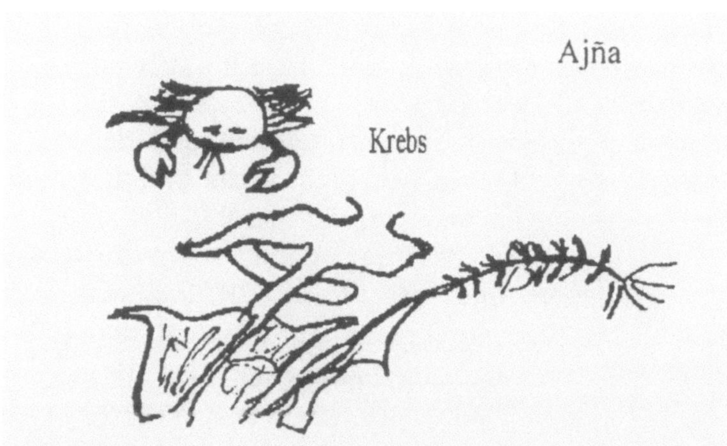

Der Engel der Venus stattet das Geschöpf mit dem Fünften Siegel (Vishuddi chakra) aus, das ein manifestiertes Energiezentrum, später Rachen genannt, schafft. Dieses Zentrum hängt direkt mit den niederen kreativen Zentren zusammen (Stimmbruch in der Pubertät), wird aber auch durch feinere Emotionen beeinflusst.

DAS SECHSTE SIEGEL

Der Engel des Merkur platziert das Sechste Siegel (Ajna chakra) auf der Stirn des Geschöpfes, ein Siegel, das das schafft, was später zur Hypophyse degeneriert, dem Sitz der spirituellen Reife.
Die Farbe der Aura des Siebenten Siegels oder der ajna chakra enthüllt den spirituellen Status eines jeden Individuums. Goldgelb strahlendes Licht: Zustand der Befreiung, oder nahe daran. Mattes Rot oder Grün: Das „Brandmal“ und Bewusstsein eines wilden Tiers.

DAS SIEBENTE SIEGEL

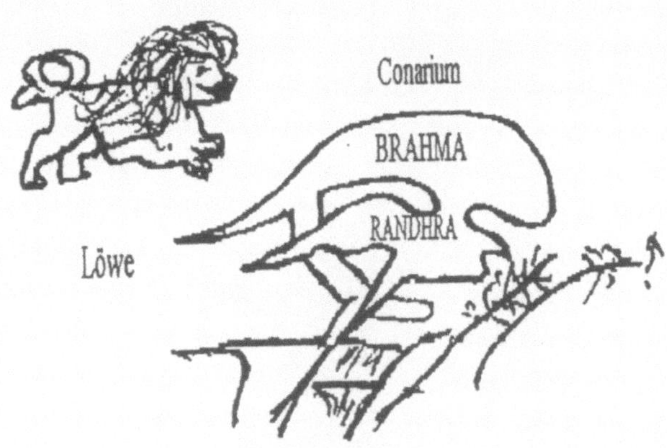

Jehova, der Engel des Mondes (Gottheit im weißen Gewand), Herrscher über die vier Jahreszeiten, platziert das Siebente Siegel (Sahasrara Chakra) ganz oben auf dem Geschöpf. Alles, was davon heute übrig ist, ist die Zirbeldrüse, Sitz des HÖCHSTEN in dir. Oh Lanoo, wenn dieses Siegel erst einmal geöffnet ist (von dir), wirst du

entweder zugrunde gehen oder Unsterblichkeit erreichen. Wach auf, oh gefallener Kumara.
Nur EXTREME führen zur Befreiung; es gibt nichts Schlimmeres als Mittelmaß. Beispiel: Diejenigen, die beschließen, Schlechtes zu tun, werden leiden, werden aber letztendlich dadurch befreit, dass sie schließlich extensiv Gutes tun. Jene, die extrem gut handeln, werden Unsterblichkeit im Bewusstsein erreichen. OM.
Was beim Öffnen der Siegel geschieht (entweder dadurch, dass man sie besiegt oder sie vorzeitig öffnet), wird bald enthüllt.
Bevor sie in höhere Sphären entschwanden, pflanzten sie eine Botschaft in die Herzen all jener der dritten Wurzelrasse, die sie mit den 7 (49 und mehr) Chakren versiegelt hatten: „Besiege deine Tiernatur, oh Gott-Mensch. Sie wird ausbrechen, wenn du einmal deine Androgynität verloren hast und auch wegen des Zögerns der Herren des Denkens, dich mit Manas zu erleuchten. OM."

DAS GEHEIMNIS DER SIEBEN SIEGEL, VERBORGEN IN DER APOKALYPSE

Apokalypse ist ein griechisches Wort und bedeutet „Enthüllung", es ist jedoch auch ein Ersatz für „eingeweiht in die Seher-Schaft". Mit „Enthüllung" signalisieren uns die Rabbis, dass die Apokalypse den Eingeweihten die Geheimnisse über Leben und Tod enthüllt und nicht den Weltlichen oder Uneingeweihten. Indem sie dem eingeweihten Jesus Christus Worte in den Mund gelegt haben, Worte, die niemals dazu bestimmt waren, auf diese Art übersetzt zu werden, nannten sie es „Die Enthüllung von Jesus Christus". Also gibt die „Enthüllung" oder Apokalypse den Uneingeweihten nichts preis. Die wahre Bedeutung der Apokalypse hinsichtlich des Menschen und der Sieben Chakren oder Siegel ist versteckt hinter Symbolismus, Allegorien, Anagrammen, Zahlwörtern und anderen tatsächlich verwirrenden Begriffen. Und wieder sage ich: Egal wie vorangeschritten der Intellekt des Schülers ist, wenn er oder sie den esoterischen Schlüssel nicht besitzt, dann wird die Apokalypse ein „Buch mit Sieben Siegeln" bleiben. Aber der esoterische Schlüssel löst das Rätsel in einem Satz: Das Buch oder die Bibel ist der menschliche Körper und die „Siegel" sind die sieben Chakren, obwohl es auch eine universelle Bedeutung der Apokalypse selbst gibt, wie enthüllt im *BUCH DES LICHTS*. Die Apokalypse wurde auf samaritanisch geschrieben und später ins Griechische übersetzt. Warum? Weil Hebräisch als Schrift damals noch nicht einmal existierte...

Die Apokalypse präsentiert vier Tiere: 1. ein Lamm mit sieben Hörnern, 2. ein leopardenähnliches wildes Tier mit den Tatzen eines Bären, dem Maul eines Löwen, mit sieben Köpfen und sieben Augen, 3. einen roten Drachen mit sieben Köpfen und zehn Hörnern und 4. ein wildes Tier mit zwei Hörnern (wie ein Lamm), aber mit der „Stimme" eines Drachen.

Esoterischer Schlüssel: Die vier wilden Tiere repräsentieren das Tier im Menschen, seine niedere Natur.

Tier 1 ist der niederste Denkaspekt, der, wenn er besiegt wird, tatsächlich zum Eroberer des restlichen Körpers oder seiner Chakren wird. Tier 2 repräsentiert die zweite Untergruppe des niederen Denken bzw. der Nous, die sie zu Iesous (Jesus) veränderten. Zahlenwert 888. Tier 3, der rote Drache, beherrscht die dritte Abteilung des niederen Denkens oder der Tiernatur im Menschen. Es muss besiegt werden wie der Rest von ihnen. Summe: 555. Tier 4 ist „der falsche Prophet" und repräsentiert den Teil des Denkens, der direkt auf die Sinnesfreuden gerichtet ist. Summe: 333. Es wird „falscher Prophet" genannt, denn es täuscht Freude vor und zerstört dabei den Körper. Der Held des apokalyptischen Dramas wird „Eroberer" genannt, und damit sind die sieben Chakren gemeint, die besiegt werden müssen, eine nach der anderen während vieler Reinkarnationen oder vielleicht während nur eines Lebens. Existieren diese Tiere? Ja, auf den astralen und mentalen Ebenen, wo diese Aspekte der niederen Natur tatsächlich dämonische, tierartige Wesen hervorrufen, und manchmal manifestieren sie sogar auf unserer Ebene.

Wichtig: Wann immer der Schüler in der Apokalypse über ASIEN (Heimat der Ioannus) lesen wird, ist der menschliche Körper gemeint. Die Sieben Gesellschaften sind die Chakren oder Siegel und die Städte, die in der Apokalypse genannt sind, bezeichnen die Reihenfolge und die spezifische Natur der Chakren.

1. Die Stadt Ephesos bedeutet in Wahrheit die erste Chakra von unten, muladhara chakra bzw. Kreuzbein-Ganglion. Diese Chakra ist regenerationsfähig, was in der Tatsache versteckt ist, dass Ephesos auch die Stadt der Frau ist, die in Sonne gekleidet ist, den Mond unter den Füßen, was (dem eingeweihten Leser) auch die esoterische Aussage enthüllt, dass der Mond die Mutter der Erde und deshalb älter als der Planet Erde ist.
2. Smyrna ist in der Apokalypse die Stadt, die für die Feigenproduktion bekannt ist. Aber in Wahrheit ist die zweite (adhisthana) Chakra gemeint bzw. das Prostata-Ganglion, denn die Feige ist hauptsächlich ein phallisches Symbol.
3. Die Stadt Pergamon ist ein verhüllter symbolischer Hinweis auf die Existenz der dritten Chakra von unten, manipuraka chakra bzw. epigastrisches Ganglion. Was ist so epigastrisch an der Stadt Pergamon, dass man sie nutzt, um die dritte Chakra zu repräsentieren? In Pergamon feierte man Esculapius, den Gott der Medizin und Heilung. Der epigastrische oder Solarplexus ist das Kontrollzentrum aller Vitalprozesse im Körper, aber auch der Kräfte, die für psychische Heilung genutzt werden.
4. Die Stadt Thyateira repräsentiert die vierte Chakra, anahata oder Herzchakra. Scharlachroter Samt wird in Thyateira produziert. Das dient als Symbol, das auf das Blut und den Blutkreislauf hinweist, der von der anahata chakra kontrolliert wird.

5. Sardeis: Der Name dieser Stadt bezeichnet sardion, Sardine oder carnelian, einen fleischfarbenen Stein, der auf das Rachenraum-Ganglion hinweist, sichtbar für uns am vorstehenden Kehlkopf, deshalb 5. oder auch vishuddhi Chakra oder Rachenraum Ganglion.
6. Die 6. Chakra wird in der Apokalypse durch Philadelphia repräsentiert, einer Stadt, zerstört von Erdbeben. Wenn Kundalini das 6. Zentrum berührt und dieses Siegel öffnet, erfährt der Kandidat oft ziemlich gewaltsame mentale und emotionale Energien.
7. Wenn das passiert, steigt Kundalinī nach oben in die siebente Chakra, die Sahasrara chakra, Koronarium oder Zirbeldrüse. Das wahre EINE AUGE wird durch die 6. Chakra aktiviert. Deshalb bedeutet Apokalypse Laodikeia, bekannt für die Herstellung von Augenbalsam, wie Ioannes in der Botschaft zur Siebenten Gesellschaft oder Chakra erwähnt. OM.

Jede Gesellschaft symbolisiert ein Bewusstseinszentrum oder eine Chakra. Sieben Gesellschaften = Sieben Chakren. In Wirklichkeit gibt es 14 Chakren, sieben vorn und sieben am Rücken, weshalb der menschliche Körper auch eine „Schriftrolle“ genannt wird, vorn und hinten „beschrieben“, was sich auch auf den Sympathikus und das zerebro-spinale Nervensystem bezieht, die „mit sieben Siegeln verschlossen sind“, was natürlich die sieben Hauptchakren der menschlichen Wirbelsäule sind. Wer oder was ist das Opferlamm? Es ist der Neophyt, der die mentalen Kräfte (sieben Hörner, sieben Augen) erreicht hat, die sieben Siegel zu öffnen bzw. die sieben Chakren erfolgreich zu erwecken.

Das Erste Siegel:

Geöffnet vom Lamm, bedeutet in diesem Falle, dass sich bei der Einweihung oder durch intensives Studieren *DES BUCHS DES LICHTS* die ZWEITE Chakra zuerst öffnet. Das erste Siegel, das sich öffnen soll, ist die 2. Chakra, das Prostata Ganglion. Kundalinī beginnt in der 2. Chakra zu steigen. Das muss so sein, weil die niedrigste Chakra nicht aktiviert werden kann, bevor Kundalinī die Stirn berührt oder erleuchtet hat (entlang der 2 Nervenkanäle Ida und Pingala, die an der Basis des Rückgrats beginnen und in der linken und rechten Mandel enden). DANN berührt sie das niederste Siegel bzw. die unterste Chakra, und deshalb heißt es in der Apokalypse, dass sie „eins der Siegel“ öffnet. Die folgenden Siegel sind dann in der Reihenfolge numeriert, in der sie sich öffnen. Wenn sich das zweite Siegel (die zweite Chakra) öffnet, erscheint ein weißes Pferd, sein Reiter hat einen Bogen. Es gibt jedoch (in diesem Fall) kein wirkliches Pferd, keinen wirklichen Reiter und keinen wirklichen Bogen. Es sind nur Symbole, um den eingeweihten Leser an etwas zu erinnern, das ich später erklären werde. Ich werde erst das Öffnen der Siegel im Allgemeinen beschreiben und dann tiefer eindringen in das, was mit oder in dem Kandidaten (und dem Universum) passiert, während sich die Sieben Siegel öffnen.

Das Zweite Siegel:
ist folgerichtig die dritte Chakra, das epigastrische Ganglion. Der zweite Zoon sagt: „Und ein rotes Pferd kommt hervor. Sein Reiter hat ein Schwert und die Macht, den Frieden von der Erde zu nehmen". Reiter und Schwert sind wieder nichts anderes als Symbole für eine esoterische Tatsache. Skorpion, Haus des Mars (Kriegsgott), ist in diese Öffnung einbezogen. Natürlich hat der Planetenengel des Mars das DRITTE Siegel verschlossen, während das Zweite Siegel vom Engel des Jupiter verschlossen wurde. Aber das ist kein Widerspruch, weil damals um 18.000.000 v. Chr. die Siegel oder Chakren in der Reihenfolge ihrer Anordnung (beginnend mit dem ersten Siegel = erste Chakra und endend mit dem Siebenten Siegel = siebente Chakra) nummeriert wurden, während ich nun die Reihenfolge ihrer Öffnung enthülle. Das erste Siegel, das geöffnet wird, ist die zweite Chakra. Vergleiche also einfach die Numerierung der Chakren, sei es 18.000.000 v. Chr. oder jetzt und du wirst immer den entsprechenden Planatenengel erhalten, sei es während das Siegel platziert wird oder im Moment des Öffnens. Oh Lanoo, unter welchem Tierkreiszeichen du auch stirbst, das ist die Konstellation, unter der du reinkarnieren bzw. wiedergeboren wirst, bis zum Ende dieser Erdkette oder des planetarischen Mahā-Manvantara. OM. Die Bedeutung des roten Pferdes und des Schwert tragenden Reiters wird bald erklärt werden.

Das dritte Siegel:
ist die vierte Chakra, das Herz-Ganglion. Der dritte Zoon sagt: „Komm", was ein schwarzes Pferd erscheinen lässt. Sein Reiter hat eine Waage in der Hand. Das deutet auf das Gleichgewicht hin, das esoterisch auf den Moment hindeutet, als die Siegel von den entsprechenden Planetenengeln angeordnet wurden, was um 18.000.000 v. Chr. geschah, kurz vor der Zerstörung des (menschlichen und kosmischen) Gleichgewichts oder auch vor der Trennung der Geschlechter. Der Engel der Sonne platzierte das Dritte Siegel bzw. die vierte Chakra.

Das Vierte Siegel:
das vom Kandidaten geöffnet wird, ist die fünfte Chakra, das Rachenraum-Ganglion. Die Apokalypse beschreibt, dass ein blasses oder vielmehr gelbliches Pferd erscheint (weil „farbig" zumeist „gelblich" bedeutet). Sein Reiter ist „der Tod", ausgestattet mit der Macht, mit dem Schwert ausgehungerte und wilde Bestien auf ¾ der Erde zu töten. Der Planetenengel der Venus leitet das Schließen und Öffnen der fünften Chakra und hier des Vierten Siegels. Das astrologische Zeichen ist die Jungfrau, die auch den UTERUS beeinflusst. Mit „Tod" ist gemeint, dass der Mensch stirbt, wenn er einmal seine Samensubstanz bei der Kopulation verschwendet (der Samen stirbt oder strömt aus) und sich so einem neuen Leben opfert, das in einem weiblichen Schoß heranwächst anstatt im Menschen zu bleiben, was ihn erleuchten (die Siegel öffnen) und ihn unsterblich im Bewusstsein machen würde.

Mit „... mit dem Schwert ausgehungerte, wilde Tiere töten“ sind die schlechten Gedanken, das Verlangen, Leidenschaften und die fleischliche Lust gemeint, die nach 18.000.000 v. Chr. im menschlichen Wesen auftraten, da wir nun (zu spät) das Denken von den Mānasaputras erhalten hatten. All diese Laster veränderten die Struktur dieses Planeten, was sogar die Jahreszeiten hervorbrachte.

Das Fünfte Siegel:
ist hier die sechste Chakra, ein höhlenartiges Ganglion, das Zeichen des Krebses entspricht ihm. Seine Öffnung verursacht ein teilweises Erwecken der niederen Zentren im Hirn. Diese Zentren enthalten die niederen Gedanken und Gefühle des Menschen. Die Apokalypse nennt sie „ungleiche Geister“, die verkümmerten. Damit ist gemeint, dass wir einst all die höheren spirituellen Kräfte hatten, bis wir zu der Zivilisation von heute verkümmerten.

Das Sechste Siegel,:
das geöffnet wird, ist die ERSTE CHAKRA von unten am unteren Ende der Wirbelsäule, das Kreuzbein-Ganglion. Kundalini fließt vom fünften Siegel oder der sechsten Chakra zum (hier) Sechsten Siegel oder ersten Chakra. Das Zeichens des Steinbocks entspricht dieser ersten Chakra.
Ioannes erwähnt in der Apokalypse seismische Kataklysmen oder „Das Ende der Welt“. Das Missverständnis und die Missinterpretationen dieser Worte in der Apokalypse haben großes Leid über die Menschheit gebracht bzw. fanatische Religion, denn viele dieser emotional bewegten Fanatiker erwarten „das Ende der Welt“ usw., denn darüber wurde schon in der Bibel geschrieben. Die wahre Bedeutung der Worte (obwohl sie auch auf kosmische Kataklysmen anspielt) besteht darin, dass, wenn das Sechste Segel oder die erste Chakra geöffnet wird, dies eine starke oder vielmehr eigenartige Auswirkung auf das Hirn hat. Der Kandidat erfährt Gefühle, die von Nervenkraft verursacht sind. Es ist für ihn oder für sie tatsächlich, als ob die Erde sich krümmt und die Sonne, der Mond und die Sterne vom Himmel gewischt werden. Er findet sich tatsächlich selbst in den Weltraum geschleudert, denn Kundalini oder das Schlangenfeuer hat die erste Chakra oder das sechste Siegel berührt, in Richtung des entsprechenden Hirnzentrums als Fenster zur Wahrheit oder der erleuchtenden Enthüllung für den Kandidaten gewissermaßen. Du bist Gott. Du BIST das Universum mit und ohne allem. Willkommen in der Realität, triff dein wahres Ich. Du bist nicht der Körper, und du bist auch nicht dies oder das. Du BIST einfach, und jenseits davon ist Parabrahman. Wir verstehen jetzt wieder Shakespeare, wenn er schreibt „Sein oder nicht sein“. Wer ist es wert, dass sein sechstes Siegel vielleicht geöffnet wird? Wer kann die Wahrheit vertragen? Viele verlieren ihren Verstand, wenn ihnen das passiert oder hauptsächlich, wenn das Sechste Siegel oder die erste Chakra oder jede andere Chakra zu früh geöffnet wird (Schwarze Magie, Tantra-Sex usw.). Ich sollte den Leser erinnern: Was öffnet die Siegel oder Chakren auf sichere Weise? Alle sexuellen

Aktivitäten einstellen und *DAS BUCH DES LICHTS* studieren. Die Siddhis kommen zu denjenigen, die ein reines Leben lebten. Wenn die erste Chakra einmal durch das Schlangenfeuer erweckt ist, fließt Kundalinī aufwärts zur höchsten Chakra und öffnet die siebente Chakra und nun auch

DAS SIEBENTE SIEGEL
OM DEM SIEBENTEN SIEGEL (von unten)

Das Siebente Siegel ist die siebente Chakra, das conarium oder die Zirbeldrüse. Sie wird beherrscht vom Haus der Sonne und ist das Bewusstsein unter dem Zeichen des Löwen. Es herrscht STILLE, aber auch sieben spirituelle Stimmen oder Töne. Sieben Trompetensignale folgen dem Öffnen der Chakren oder Siegel, die sich alle auf Hirnzentren beziehen, was der Grund dafür ist, dass sie diese Empfindungen hervorrufen.
Im Moment des siebenten Trompetenstoßes wird der Kandidat unsterblich im Bewusstsein. Für ihn gibt es keinen Tod mehr. Der Prozess der De- und Reinkarnation wird von ihm in absoluter Bewusstheit erfahren, während andere im Moment des Todes ihr Bewusstsein verlieren, um dann auf einer der Astralebenen, die ihrem Verlangenszustand entspricht, zu erwachen. OM. Nun, da ich dir das Geheimnis der Sieben Siegel enthüllt habe, verstehst du das Versprechen des *BUCHES DES LICHTS*, welches in der UNSTERBLICHKEIT besteht. Weitere Instruktionen, wie die Sieben Siegel zu erwecken sind, können mündlich gegeben werden.
Oh Leser, besiege deine Tiernatur, entsage aller sexueller Aktivität, iss einmal am Tag eine leichte vegetarische Mahlzeit, trinke nur Wasser, faste einen Tag pro Woche, praktiziere regelmäßig Seelenatem-Meditation und studiere *DAS BUCH DES LICHTS* immer wieder, und dann wird Kundalinī steigen und deine Siegel öffnen, eins nach dem anderen, für die UNSTERBLICHKEIT.

Aber vor diesem Moment der Stille, der beim Öffnen des höchsten Siegels oder der höchsten Chakra eintritt, gibt es eine letzte Versuchung oder vielmehr Störung, die sich in mentalem Phänomen manifestiert, in Erdbeben, Blitz und Donner sowie eigenartigen Stimmen. In diesem Moment IST der Kandidat dieses Phänomen. Die Menschen des Altertums wollten dieses Wissen nicht den Massen enthüllen, so verhüllten sie es in einem Ereignis, das so niemals stattfand. Sie schrieben in Kapitel 16:17-21: „Und so kamen Stimmen, es kam Blitz und Donner, und es ereignete sich ein großes Erdbeben, eins wie sich noch nie ereignet hatte, seit der Mensch im Erdzyklus geboren wurde... und so groß war das Erdbeben, und es kam Hagel, Hagelkörner so groß wie 100 Pfund fielen vom Himmel auf die Menschen nieder...". Matthew schreibt: Die Wand des Tempels war zweifach gespalten vom Boden bis zur Spitze, und das Erdbeben bebte, und die Felsspalten taten sich auf und die Gräber wurden geöffnet und sie kamen heraus nach der Wiederauferstehung, und sie gingen in die Heilige Stadt und sie beruhigten viele." (27:51-53). All das ist verhüllte Beschreibung

dessen, was mit dir geschieht bei der Öffnung deines Siebenten oder höchsten Siegels bzw. der Chakra auf deinem Kopf. Dann wirst du wie Jesus in St. John 19:30 sagen: „Es ist vollbracht". Aber er sagte das nach der EINWEIHUNG und nicht nach einer Kreuzigung. Jesus starb niemals an irgendeinem Kreuz. Wenn irgendetwas starb, als er während der Einweihung an ein Kreuz gebunden war, dann war es seine niedere Natur, so dass die Monade glänzen und in Ewigkeit verehrt werden kann.
Oh Lanoo, das endgültige Ziel eines jeden Geschöpfs auf der Erde oder jedem anderen Planeten (sichtbar oder unsichtbar) ist das Öffnen des SIEBENTEN SIEGELS bei der Einweihung. OM.

Der Tierkreis[177] vor weniger als 18.000.000 v. Chr.
(Sekundärzeit, Kreide)
Jungfrau und Skorpion sind jetzt getrennt

Der Planet Vulcanus wird sichtbar
Trennung der Geschlechter, vor dem Krieg im Himmel

Mehr und mehr menschliche Androgyne trennen sich in männlich und weiblich. Ein Drittel der Söhne des Denkens weigern sich noch, ihre karmische Pflicht zu erfüllen.

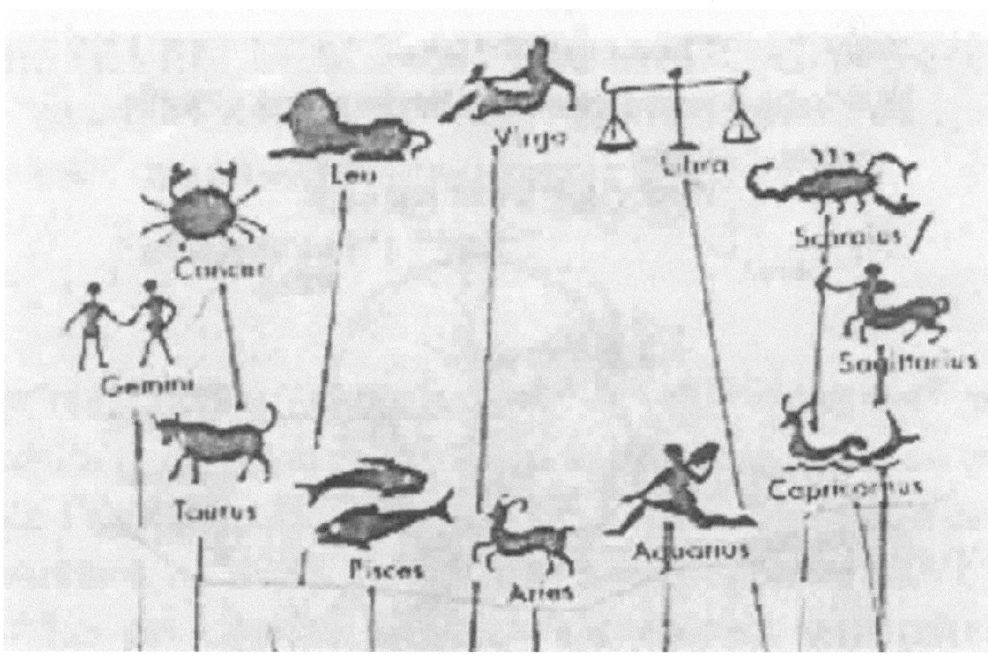

177 Der Kreis ist geschlossen

Noch während der zweiten Hälfte der dritten Rasse

Die Wesen mit zwei Wirbelsäulen teilen sich in solche mit einer Wirbelsäule, noch weichen Knochen und mit ca. 70 Gelenken pro Skelett.

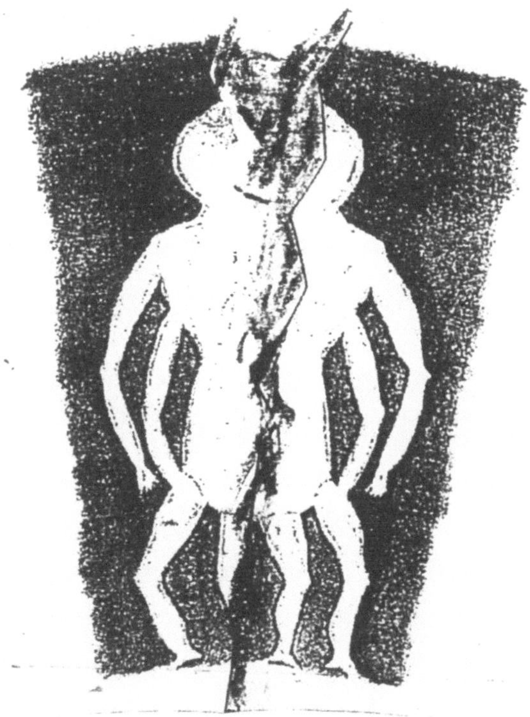

Hirn und Denken (sogar bei denen ‚ohne Denken'[178]) koordinieren mehr und mehr

Sanat Kumara steigt auf die Erde herab, um die richtigen Relationen in jedes Gebiet seines manifestierten Lebens zu bringen. Er wird in Shambala residieren, was sich aus dem Äther manifestieren wird, sobald die Lehren des *BUCHES DES LICHTS* (esoterische Wissenschaft) voll etabliert und verstanden sind und von der Menschheit gelebt werden.
Oh, großer Chohan, bist du der Herr der Zivilisation, der Conte de Saint Germain?

---

178 Ein Widerspruch? Ganz und gar nicht, alles besteht aus Gedanken-Materie oder Mentalmaterie. Mit der Bezeichnung ‚ohne Denken' ist nur das Fehlen höheren Denkens gemeint. Esoterisch gesehen haben Tiere auch ein ‚Denken", nur sehr niedrig entwickelt.

Männer und Frauen vor weniger als 18.000.000 v. Chr.

Es gab natürlich tausende von verschiedenen menschlichen Lebensformen, bis schließlich alle von ihnen die physischen Körper der Menschheit von heute angenommen haben. Höhe: um 30 Fuß.

Damals (um 18.000.000 v. Chr.) war das aurische Feld (Ei) klar sichtbar, mit Strömen prānischer Kundalinī-Energie, die von und zur Top-Chakra floss, während das „dritte Auge“ noch funktionierte.

-Wo, oh Mahā-Chohan, haben sie sich verändert? -Im Inneren der riesigen Eier, oh Lanoo, aber später auch im Inneren des menschlichen Geschöpfes. Wenn zu voller Größe herangewachsen, dann brachen sie durch die Eier[179], entweder als männliches oder weibliches Wesen. Ihre Genitalien waren noch nicht voll entwickelt, weil sie sich (noch) nicht durch sexuelle Vereinigung vermehrten.

Oh Lanoo, wenn in *Genesis* geschrieben steht: „Adam, dessen Augen geöffnet werden“, dann ist die Menschheit nach der Trennung in Geschlechter gemeint. Aber es ist nur der himmlische Mensch oder die Logi oder Brahmā, der nach dem Bild Gottes (Brahman) gemacht ist.

Dualität veranlasst das Gehirn, seine Struktur dem neuen Bewusstseinszustand anzupassen. Es veränderte sich von der androgynen Hirnstruktur zum zweigeteilten Hirn[180] des nun getrennten Geschöpfs.

179 Sie verloren diese Fähigkeit gegen Ende der vierten Subrasse der fünften Wurzelrasse.

180 Mit 3 Lappen und einem beginnenden vierten Lappen, oh Lanoo, strebt die dritte Rasse ihrem Ende zu und die vierte ist schon in ihrer Anfangsphase.

SYMBOL DER ERDE VOR WENIGER ALS 18.000.000 v. Chr. Die Geschlechter haben sich in männlich und weiblich geteilt. Oder: Der Durchmesser im Kreis verändert sich zu einem Kreuz. OM.

Mehr Mānasaputras zweiter Klasse[181], weniger brillante Söhne des Denkens, folgten dem Ruf des Karma und inkarnierten in die sich allmählich teilenden männlichen und weiblichen Vertreter der dritten Rasse. Diejenigen der dritten Rasse, die mehr als einen Funken des Denkens erhielten, wurden die edelsten, vornehmsten und höchsten Männer und Frauen auf der Erde und wir nennen sie heute große Philosophen, Dichter, Wissenschaftler, Staatsmänner, religiöse Reformer usw. Die meisten der Mānasaputras der dritten Klasse zögerten immer noch. Sie waren nichts anderes als sehr niedrig entwickelte Monaden oder Gottesfunken der fünften Klasse, und es blieb ihnen nichts weiter übrig, als auf entsprechend niedrig entwickelte Vehikel oder Körper zu warten. Sie warteten bis ungefähr 9.000.000 v. Chr., als der atlantische Mensch Sex mit weiblichen Tieren hatte, was die Affen hervorbrachte, in welche die Monaden der fünften Klasse inkarnierten. Um die Situation auf der Erde um 18.000.000 v. Chr. besser verständlich machen zu können, zitiere ich *Blavatsly, Geheimwissenschaft, Anthropogenesis, Seite 157*: „Es muss darauf hingewiesen werden, dass die astrale und physische Ebene der Materie zwar in den frühsten geologischen Zeitaltern parallel zueinander verliefen, sich jedoch nicht in den gleichen Phasen der Manifestation befanden wie jetzt. Die Erde erreichte ihren gegenwärtigen Verdichtungsgrad nicht vor 18.000.000 v. Chr.[182], den sie dann bis 9.000.000 v. Chr. behielt, um sich dann allmählich zu dematerialisieren /zu zerfallen (Beginn und Ansteigen der Radioaktivität)“.

In diesen Tagen gab es Menschen mit Gesichtern von Hunden oder Fischen, aber auch kopflose Menschen mit Augen im Oberkörper.
- Wie, oh Mahā-Chohan, haben die Menschen ihre Formen angepasst?
- Die menschliche Form, oh Lanoo, wurde als Modell im Astrallicht als Blaupause von Vertretern der zweiten und dritten Rasse vor dieser vierten Runde geschaffen.

181 und viele aus der dritten Rasse.

182 „...die Menschheit und alles Lebende darauf steigern ihre Materialität mit dem Planeten.“

DIE VERVOLLKOMMNUNG DES ÄTHERISCHEN KÖRPERS,
was die Vervollkommnung des Blutkreislaufs des physischen Körpers (Blut, Lymphen usw.) verursacht einschließlich aller inneren und äußeren Organe

Der Blutkreislauf und die inneren Organe des Körpers erschienen wegen Svābhavat bzw. der Substanz, die in den entsprechenden Monaden enthalten ist. Es gibt jedoch primäre und sekundäre Ursachen. Jede Kraft der Evolution hat ihre Matrix oder Ebene und dann ihre entsprechende Manifestation.

Die Aufgabe des ätherischen Körpers ist es, den physischen Körper zu beleben und ihm Antrieb zu verleihen. Der ätherische Körper ist aus Linien von Kraft und Licht. Es ist ein Gewebe aus Energieströmen. Die Lebensenergie oder Prāna fließt entlang der Linien dieses Gewebes. Diese fließenden Kraftlinien manifestierten selbst vor weniger als 18 Millionen v. Chr. als Blutkreislauf im physischen Körper, und zwar nach der Trennung in männlich und weiblich. Vorher war der menschliche Organismus nichts als eine quallenartige weiche Kreatur ohne innere Organe. Das ätherische Gewebe bzw. der ätherische Körper entwickelte sich mehr und mehr. Zusammen mit der physischen Entwicklung verursachten die ätherischen Linien fließender Energie (durch Erschütterung) das Erscheinen der Kanäle für Blut. Der ätherischen Strömung folgend, fließt das Blut durch die Arterien, Venen und Kapillaren des Blutkreislaufs[183]. Oder: Das Blut fließt, weil Prāna entlang der Linien des ätherischen Körpers fließt. Und wo auch immer sich diese Linien kreuzen, schaffen sie, wie es die Akupunktur nennt, einen Meridian oder eine Chakra. Es gibt hunderte von Chakren, die unsere ätherischen und physischen Körper bedecken. Aber das ätherische Gewebe schafft nicht nur unseren Blutkreislauf und bringt das Blut zum Fließen. Der ätherische oder Prana-Körper ist (außer Svābhavat) auch verantwortlich für das vollständige Erscheinen der endgültigen Struktur des physischen Körpers, einschließlich all seiner inneren und äußeren Organe. Dieser Prozess, der dem Gesetz der Analogie folgt, kann mit dem kosmischen Ereignis verglichen werden, das bald im *BUCH DES LICHTS* beschrieben wird und uns das „Geheimnis der Entstehung von Land und Meer auf unserem Planeten" enthüllt.

183 Was auch der Grund dafür ist, dass der Astralkörper in ständiger strömungsartiger Bewegung um den physischen Körper ist.

In der nun folgenden ätherisch-physischen Evolution beeinflussen sich die beiden Körper (der ätherische und der physische) gegenseitig:

1. Ätherischer und physischer Körper noch unentwickelt.

2. Das ätherische Gewebe (Energielinien des ätherischen Körpers) erreicht eine bestimmtere Struktur. Die puddingähnliche Substanz des physischen Körpers folgt langsam und zeigt erste Spuren innerer Organe und des Blutkreislaufs.

3. Die Struktur des ätherischen Gewebes wird vervollständigt und der physische Körper folgt. Er kopiert und manifestiert diese Struktur, indem er innere und äußere Organe und den Blutkreislauf[184] bildet. Das geschah vor ca. 17 Mill. Jahren, aber es war und ist ein fortschreitender Prozess.

17.000.000 v. Chr.
(Die Mānasaputras zögern noch...)
Sekundärzeit (Kreide)
DIE SPIRITUELLE WURZEL VON SCHRIFT UND SPRACHE
(Schrift und Sprache wurden 9.000.000 Jahre später entwickelt. OM.)

Der Astralkörper ist noch fast farblos, weil das menschliche Wesen noch keine Gefühle entwickelt hat. Der androgyne Vertreter der dritten Rasse war in seinem Kali-Yuga. Wieder einmal war der Kreis geschlossen. Wir befinden uns an der Schwelle einer neuen Periode der Auflösung. Diejenigen der Androgynen mit zwei Wirbelsäulen (dritte Rasse[185]), die mit dem Denken ausgestattet waren, sahen die Probleme, die künftige Rassen erwarten würden, voraus (und ihre eigenen). Sie wollten nicht ohne Führung sein. Deshalb baten sie die DEVA-ENGEL, ihnen Wissen zu geben, so dass sie in der Lage sein würden, die Wahrheit an die Würdigen weiterzugeben...
Einige der höchsten Solar-Devas stiegen herab und gaben evolvierten Androgynen der dritten Rasse ein Werkzeug, ihre Gedanken und ihr Wissen, das sie in beschaulicher Meditation erreicht hatten, festzuhalten. Sie (die DEVAS) gaben ihnen... Symbole. Wie machten sie das? Sie materialisierten (aus Ākāśa)...

---

184 Von 9.000.000 v. Chr. an ändert das ätherische Gewebe seine Struktur, was den Anstieg der Radioaktivität zur Folge hat und die Reinigung unserer physischen Körper bis hin zur Leuchtkraft. Mit anderen Worten: Wir werden bald (in Millionen und Milliarden Jahren) wieder Zentren reinen Lichts sein...

185 Sprache und ihre Symbole, von den DEVAS denjenigen der dritten Rasse unverzüglich gelehrt, in die die Saturnengel sofort inkarniert hatten.

... auf einem Baum, Koun-Boum[186] genannt, mit 10.000 zusammengerollten Blättern und sagten den Manushis, sie sollen sie Stück für Stück aufrollen. Sie machten das (mit Willenskraft) und fanden heraus, dass jedes Blatt ein Bild oder Schriftzeichen enthielt. Die Sonnen-Devas erklärten den Eingeweihten die Bedeutung eines jeden Blattes. Was enthielten sie, oh Mahā-Chohan? Oh Lanoo, sie enthüllen das Geheimnis der Treppe zu DevaChan (mentaler Himmel) und seinen 10.000 Stufen. Sie erklären Vergangenheit, Gegenwart und Zukunft von diesem Universum und allem darin während eines großen Mahā-Manvantaras oder Großem Atem von Brahman oder 311.040.000.000.000 Erdjahren. Das ist, oh Lanoo, der BAUM DES LEBENS[187] oder des Wissens, von dessen „Früchten" die Eingeweihten kosteten (und was einige von ihnen später missbrauchten). Du wirst die heiligen Schriftzeichen (Symbole) unter der Rinde des Baumes finden. Er (der Baum) überlebte bis heute. Er ist einmalig und kann nicht durch Abschneiden vermehrt werden. OM. OM. Aber die Engel taten noch mehr. Sie lehrten den Manushis der dritten Rasse die Mantra bzw. das Denken des Symbols und seiner Bedeutung, so dass es eine Mantra WERDEN würde oder ein Wort oder eine Kraft. Danach lehrten sie ihnen sogar, die heiligen Buchstaben zu sprechen, die in den eingerollten Blättern und unter der Rinde des Koun-Baumes versteckt waren.

Dann zeigten die Engel auf den Baum und auf sich selbst und stießen die Worte „SAN SAR" aus! Und der heilige Androgyne der dritten Rasse verstand, denn er wusste, dass die Engel Solar-Engel waren, folgerichtig war SAN SAR, die Sprache und Schrift der Solar-Devas. Oder genauer gesagt, die Devas würden von nun an, wenn materialisiert, SAN SAR als Mittel der Kommunikation zwischen ihnen und den „Menschen" in Wort und Schrift nutzen.

Deshalb, oh Lanoo, bedeutet SAN SAR[188] (später SENZAR) „Sprache der Sonne", weil sie den Menschen der dritten Rasse von den Engeln der Sonne oder Sonnen-DEVAS gegeben wurde.

Die heiligen Buchstaben (auf den Blättern) konnten nur von den Reinsten der Reinen gesehen werden. Für ein „normales" Wesen gab und gibt es da keine Buchstaben, nur Blätter mit nichts auf (in) ihnen (ich bin nicht sicher).

Enthülle mir nun diese heiligen Buchstaben, oh Mahā.Chohan! -Nein, oh Lanoo, denn du hast (noch) nicht die Reinheit und das Wissen eines Eingeweihten, aber einen Hinweis will ich dir geben. Die SAN SAR oder SENZAR-Buchstaben können mit den späteren chinesischen Buchstaben oder Schriftzeichen verglichen werden...

---

186 Woher das deutsche Wort „Baum" stammt

187 Das ist eine Definition. Andere werden folgen.

188 SAN(SAR), von daher „Sun" (Sonne) und später „Son" (Sohn), denn die Sonne ist die physische Kleidung oder Nachkomme oder Sohn des Geistes (Christus-Prinzip) hinter der Sonne oder in der Sonne ‚gekreuzigt'.

Aber sieh, oh Leser, und sei Zeuge eines wirklich heiligen und geheiligten Ereignisses. Dies sind Worte, die (zuerst von Engeln) um 18.000.000 v. Chr. gesprochen wurden, die Quelle all dessen, was jemals von der Menschheit gesprochen oder geschrieben wurde, und diese Worte werden nun (einschließlich ihrer Bedeutung) vor deinen Augen erscheinen:

THO -AG

THO – AG ist der Weltraum. Ewiger[189] Raum. THO – AG ist der ätherische Container für alles, ungeachtet der Tatsache ob da etwas ist oder nicht. Sogar wenn dort nichts ist bzw. kein Universum wie während Pralaya[190], gibt es immer THO – AG. OM. Deshalb können wir sagen, THO – AG ist selbst-existent und ohne Dimension, was bedingte Vollständigkeit und grenzenlose Leere zur gleichen Zeit bedeutet. Fürwahr, es passt beides[191]. Es könnte niemals eins davon allein existieren. Meditiere darüber, oh Lanoo.

YONG – GRUB

Perfektion ist das Ziel, oh Lanoo. Spiritualisierung aller Materie. Und dann die Abstraktion des Geistes. Und dann? Oder: Wenn Śiva ihr wohltätiges Werk vollbracht hat (als Zerstörer der Form und Nicht-Form), wird sich alles vom Göttlichen Atem zum Großen Atem verändern oder in DEN Großen Atem, die eine und einzige parabrahmanische Realität. Dann ist alles (wieder) im Zustand von Yong – Grub und wieder einmal ist Yong – Grub der endgültige Wohnsitz, wo es keine Form mehr gibt und sogar das, was jenseits der Form ist, ist abstrakt.

On Lanoo, du kannst NIRVĀNA nur schmecken, wenn du in Yong – Grub oder in ABSOLUTER PERFEKTION bist. Aber diese absolute Perfektion in (wenn richtig analysiert) DEM EINEN, werden wir alle (verdient oder unverdient) zusammen mit den Steinen, Pflanzen, Tieren, Menschen oder „Göttern“ auf jeden Fall erreichen, und zwar am Ende eines jeden großen Manvantaras. Wie bewusst wir diese Glückseligkeit erfahren werden, hängt von uns hier und jetzt ab.

ZHI – GYU

-Alles ist Materie, sogar Geist ist Materie. Es gibt tatsächlich keinen Unterschied zwi-

---

189 Ewig von unserem Standpunkt aus gesehen, denn „da oben“ ist Zeit eine ganz andere Sache

190 Nicht eine Periode der Finsternis, sondern der totalen Auflösung.

191 Weil beide (bedingte Vollständigkeit und grenzenlose Leere) illusionäre oder mayavische Zustände des Seins sind. Wahrheit hat keine Worte und braucht keine Bücher. OM.

schen Geist und Materie. - Ich verstehe nicht, oh Mahā-Chohan... - Wenn wir nicht-atomare und nicht-molekulare „Substanz“ als Materie betrachten, dann können wir sagen: Geist und Materie sind eins.

ZWEITER SCHLÜSSEL

Diejenigen Eingeweihten, die die Versuchung verspürten, die Buchstaben niederzuschreiben, starben plötzlich, als ob sie von einem Superlaser getroffen worden wären. Nach mehr als 1.000.000 Jahre schlossen die Engel einen Pakt mit einigen der reinsten Eingeweihten. Sie erlaubten ihnen, über jedes der Symbole, die in den Blättern versteckt gewesen waren, zu meditieren und dann ein eigenes Schriftzeichen zu zeichnen, als Manifestation dieses Wissens, das sie durch Meditation erhalten haben. Aber dieses Schriftzeichen hatte nichts mit dem Original zu tun, das ursprünglich in den Blättern enthalten war. Das war die Geburt von SAN SAR oder SENZAR, was nichts anderes ist als eine umgeformte Übersetzung, erhalten durch Meditation über die Symbole in den Blättern und dann – als Ergebnis der Meditation – festgehalten mit eigenen Zeichen. Oder: Die SENZAR - Buchstaben, die von den Eingeweihten um 17.000.000 v. Chr. aufgeschrieben wurden, sind nicht nur (den Uneingeweihten von heute) völlig unbekannt, sondern haben auch überhaupt nichts zu tun mit den Schrift-zeichen, die in den Blättern des Baumes des Wissens enthalten waren. Auf diese Art und Weise, oh Lanoo, wurde das „Original Book of Dhyan“ geschaffen; vollständig aus Ākāśa, was „Wissen, erhalten durch spirituelle Meditation“ ist oder, wie sie es später nannten: *Das Buch des Dzyan.*
Hier endet Band 2.

ANHANG

SONG
REBELS OF THE UNIVERSE
MUSIC & LYRICS Christian Anders

ONCE WE WERE FREE
ROAMING THROUGH TIME AND SPACE
SHINING IN KOSMIC WAVES
TOUCHING THE SUN

NOTHING TO FEAR
MASTERS OF DESTINY
THAT'S WHAT WE UESD TO BE
YOU AND I
BUT WHEN KARMA CALLED
WE WERE MEANT TO FALL
CAUSE WE DIDN'T DARE THAT LOVE

REBELS OF THE UNIVERSE, REBELS OF THE UNIVERSE
THAT'S WHAT WE ARE
REBELS OF THE UNIVERSE, REBELS OF THE UNIVERSE
WE'VE GONE TO FALL
REBELS OF THE UNIVERSE, REBELS OF THE UNIVERSE
WE'VE GONE TO FALL
REBELS OF THE UNIVERSE, REBELS OF THE UNIVERSE
WE'VE GONE TO FALL
REBELS OF THE UNIVERSE, REBELS OF THE UNIVERSE
THAT'S WHAT WE ARE
REBELS OF THE UNIVERSE, REBELS OF THE UNIVERSE
WE'VE GONE TO FALL,
TO FALL

WE PAY THE PRICE
FIGHTING INDIGNITY
ONE DAY WE SHALL BE FREE
YOU AND I
LIFE AFTER LIFE
WE SHALL RETURN AGAIN
UNTILL WE UNDERSTAND
WHO WE ARE

WE ARE
REBELS OF THE UNIVERSE, REBELS OF THE UNIVERSE
THAT'S WHAT WE ARE
REBELS OF THE UNIVERSE, REBELS OF THE UNIVERSE
WE'VE GONE TO FALL
TO FALL

BUT THE DAY WILL COME
AND IN THE END
WE WILL BE GODS AGAIN, AGAIN

REBELS OF THE UNIVERSE
REBELS OF THE UNIVERSE
THAT'S WHAT WE ARE

DIE MANTRA
OM MANI PADME HUM

Die Mantra OM MANI PADME HUM bedeutet: Oh, Juwel im Lotus. Das Juwel ist das höhere Selbst des Menschen (Lotus), welches durch DIE MANTRA zu höherem Potenzial erweckt wird.

DIE MANTRA ist die Urschwingung allen Seins. Sie kräftigt, belebt, aktiviert alle Chakren und beruhigt und entspannt doch zugleich. Oh Lanoo, sei die Mantra.

Die ideale Ergänzung zum BUCH DES LICHTS

CD „THE MANTRA FOR YOUR MEDITATION – OM MANI PADME HUM"
Total Time 62:44 Min., Neptun Media GmbH München

Weitere Bücher von Lanoo (Christian Anders)

The Secret of the seven Seals
ISBN: 3898117715; 104 Seiten; 10,22 €; englisch
Divine Message from the True God
ISBN: 3898118622; 176 Seiten; 14,32 €; englisch
The Man W.H.O. created AIDS
ISBN: 3831106223; 514 Seiten; 35,28 €; englisch

Das Geheimnis der sieben Siegel
ISBN: 3898114090; 55 Seiten; 7,67 €; deutsch
Der Sin des Lebens – NIRVANA
ISBN Band I: 3898114295; 484 S.; 25,56 €; deutsch
ISBN Band II: 3898114309; 500 S.; 25,56 €; deutsch
Der Mann, der AIDS erschuf
ISBN: 3898114406; 424 Seiten; 24,03 €; deutsch
Seelenatem-Meditation
ISBN: 3898115321; 66 Seiten; 9,71 €; deutsch
Das illustrierte Buch des Lichts
ISBN: 3831100500; 81 Seiten; 14,82 €; deutsch
Der Brief
ISBN: 3831131783; 191 Seiten; 17,00 €; deutsch
Der wahre Bankenschwindel
ISBN: 3831140456; 212 Seiten; 17,00 €; deutsch
DER RUB€L MUSS ROLLEN
ISBN: 3833000503; 227 Seiten; 19.50.€; deutsch
Der Freigänger
ISBN: 3831143129; 114 Seiten; 14,00 €; deutsch
Darwin irrt!
ISBN: 978-3-937699-00-4; 182 Seiten; 24,00 €; deutsch
Literarischer Rebell
ISBN: 978-3-937699-04-2; 238 Seiten; 23,00 €; deutsch
Über Nacht ein Star
ISBN: 978-3-937699-02-8; 452 Seiten; 39,50 €; deutsch
Das Buch des Lichts, Band 1
ISBN: 978-3-937699-05-9; 151 Seiten; 29,00 €; deutsch
Der Untergang von Taro Torsay
ISBN: 978-3-937699-07-3; 104 Seiten; 15 €; deutsch
Die wahre Bedeutung der Bibel sowie dieWahrheit über Jesus Christus
ISBN: 978-3-937699-06-6; 219 Seiten; 29,00 €, deutsch

Bestellen:

www.christiananders.com
www.straube-verlag.com
www.amazon.de

oder in jeder Buchhandlung!

Christian Anders auf dem Internet

www.christiananders.com